LA REVOLUCIÓN ROBADA

La historia de la sociedad humana puede resumirse como un escenario de lucha por el ejercicio del poder. A través de los diversos sistemas socio-económicos que han caracterizado a la civilización, desde el esclavismo hasta el capitalismo, siempre los grupos humanos, bajo la conducción de líderes con motivaciones ideológicas, han librado enconados conflictos en nombre de conceptos que, como libertad, democracia, derechos, igualdad... expresan las más elevadas aspiraciones de la condición humana. Las revoluciones han sido la expresión más radical de tales conflictos. Pero generalmente ven frustradas sus aspiraciones por sus propios errores, robadas por los mismos que las conciben y conducen. El autor muestra un panorama de revoluciones robadas en el contexto mundial, y básicamente latinoamericano, como resultado de la eterna aspiración humana, de alcanzar la cima en los sistemas de poder.

PEDRO FULLEDA BANDERA

Comunicador social, Ludólogo y Educador. Se desempeñó como Periodista en temas históricos y culturales. Ha impartido cursos y conferencias en diversos países de Iberoamérica, en temas del desarrollo humano. Es creador y coordinador de la Metodología FLEDO (Fragua Lúdica Edad de Oro). Nació en Santiago de Cuba en 1945. Reside en Quito desde 2010.

Pedro Fulleda Bandera

LA REVOLUCIÓN ROBADA

¡Agradezcamos, los sobrevivientes,
a quienes murieron en lugar de nosotros.
A ellos les debemos la sobrevida!

INTRODUCCIÓN

"Una revolución no es una cama de rosas. Una
revolución es una lucha entre pasado y futuro".
Fidel Castro

Estoy consciente de que el título puede ser perturbador; y más aún el nombre del autor de la cita empleada, lo que considero como muestras de que el concepto que encabeza esta obra no es adecuada y suficientemente comprendido. Sí, el término **revolución**, así como puede entusiasmar a unos, también puede quitar el sueño a otros. Se le vincula a acontecimientos violentos y sangrientos con los cuales las turbas populares arrebatan el poder a las clases tradicionalmente dominantes en la sociedad. Es decir: *revolución como sinónimo de violencia, sangre, muerte, destrucción...*

Pero, la Etnología, como disciplina antropológica orientada a estudiar la evolución de la sociedad humana a través del tiempo mediante la comparación entre el pasado y el presente, emplea el término para designar momentos en que la cultura pasó de estadios inferiores a otros superiores. Y así nombra como **Revolución neolítica** al momento en que los hombres primitivos desarrollaron técnicas más depuradas para producir utensilios de piedra pulida; o como **Revolución agrícola** cuando descubrieron la posibilidad de obtener plantas mediante la siembra de semillas en terrenos fértiles; y más

1

recientemente la **Revolución industrial**, como inicio del colosal salto tecnológico de la Humanidad desde las máquinas de vapor y las manufacturas hacia su poderoso potencial productivo en la actualidad. Y entonces, el término no es sinónimo de violencia y destrucción, sino de progreso y desarrollo cultural.

¿Qué pasa aquí? Sin dudas el concepto es polivalente y ambiguo, recibiendo significados según la óptica desde la que se le mire. Citaré a varios pensadores que a lo largo de la historia han dado sus interpretaciones al respecto:

- ✓ *La revolución no es una manzana que cae cuando está podrida. La tienes que hacer caer (Che Guevara).*
- ✓ *Una revolución es una idea tomada por bayonetas (Napoleón Bonaparte).*
- ✓ *Los que hacen la revolución pacífica imposible, harán inevitable la revolución violenta (John F. Kennedy).*
- ✓ *Cuando la dictadura es un hecho, la revolución se vuelve un derecho (Víctor Hugo).*
- ✓ *La pobreza es el padre de la revolución y del crimen (Aristóteles).*
- ✓ *La revolución me introdujo en el arte, y a su vez, el arte me introdujo en la revolución (Albert Einstein).*
- ✓ *Cada generación necesita una nueva revolución (Thomas Jefferson).*
- ✓ *Las revoluciones no se hacen por menudencias, pero nacen por menudencias (Aristóteles).*

- La revolución no es algo fijo de una ideología, ni algo de una década en particular. Es un proceso perpetuo incrustado en el espíritu humano *(Abbie Hoffman)*.
- Toda revolución fue primero un pensamiento en la mente de un hombre *(Ralph Waldo Emerson)*.
- Toda revolución se evapora y deja atrás sólo el limo de una nueva burocracia *(Franz Kafka)*.
- Una revolución nace como una entidad social dentro de la sociedad opresora *(Paulo Freire)*.
- El poder político es simplemente poder organizado de una clase para oprimir a otra *(Karl Marx)*.
- Revolución significa la democracia en el mundo actual, no la esclavización de los pueblos a los corruptos y degradantes horrores del totalitarismo *(Ronald Reagan)*.
- El peor enemigo de la revolución es el burgués que muchos revolucionarios llevan dentro *(Mao Tse Tung)*.
- Una revolución es imposible sin una situación revolucionaria *(Vladimir Lenin)*.
- No puedes hacer una revolución para establecer la democracia. Debes tener una democracia para tener una revolución *(G. K. Chesterton)*.
- Las revoluciones se producen en los callejones sin salida *(Bertolt Brecht)*.
- No podemos tener una revolución que no involucre y libere a las mujeres *(John Lennon)*.

Son criterios emitidos por filósofos antiguos y modernos, caudillos militares y jefes de Estado, políticos, hombres de ciencia, educadores y creadores de arte... que van desde radicales posiciones de dominación violenta, hasta reclamos por la igualdad de género en la sociedad. Cada una de estas conceptualizaciones puede ser argumento para un capítulo de este libro, y de hecho muchos autores se han inspirado en conceptos como esos para realizar obras que llenan los anaqueles de la Filosofía, la Sociología, la Historia y la ideología política. Pero, procuraré simplificar mi exposición teórica, a fin de que resulte comprensible a la mayor cantidad de interesados en el tema. Pues, no escribo para eruditos, sólo interesados en encontrar puntos de confrontación y desacuerdo, a partir de los cuales pretender demostrar su propia "sapiencia", sino para gente común, tal como yo, que se enfrentan en su día a día a una realidad cuya esencia conceptual la mayor parte de las veces no comprenden, y que cuando la descubren son capaces de alcanzar niveles superiores en su condición humana, para bien de toda la Humanidad. Ayudar a tales gentes en ese empeño es mi único y fundamental propósito. ¡Ojalá lo logre con esta obra...!

El Autor

1/ EL VERDADERO SENTIDO DEL PODER

La aplicación de estudios sociológicos modernos en el análisis de la realidad mundial recibió, a fines del siglo XX, las aportaciones de Alvin Toffler, periodista norteamericano autor de *"El cambio del poder"*[1], donde aborda la influencia que ejerce en la dinámica social la existencia de los que denomina **sistemas de poder**.

Extraordinariamente, a pesar de su omnipresencia en todas las manifestaciones de la existencia, el fenómeno del **poder** ha sido inadecuadamente abordado. Generalmente se le identifica con conceptos derivados sobre todo de la actividad psíquica o social del hombre, cuando en verdad la acepción del *poder* desde el punto de vista psíquico alude a la capacidad de decisión y de acción, y en lo social cae en el campo de las actividades económicas y políticas. En ambos casos se trata de hechos marcados por la voluntad consciente del ser humano, mientras que el *poder*, concebido como **capacidad de asimilación para el desarrollo**, es inherente a todo lo existente, vivo o no.

---

[1] **Alvin Toffler:** *"El cambio del poder"*. Plaza & Janes, Barcelona, 1990.

Lo que provoca tal confusión es justamente que las formas en que se manifiesta el *poder* se asumen a partir de su enfoque desde categorías científicas específicas. De ese modo existirán tantas definiciones como especialidades aborden el tema. Pero todas ellas pueden ser resumidas en tres **formas de poder** que resultan universales en correspondencia con las diversas posibles etapas del desarrollo en general:

La **violencia** es la forma más generalizada del *poder*, pues es la predominante en la naturaleza y la única en el campo de lo inanimado y de las formas de vida no inteligente. Está presente en el riguroso cumplimiento de las leyes físicas y en las brutales manifestaciones de la supervivencia animal. Su patrón universal consiste en que todas las formas de existencia basan su desarrollo en la asimilación violenta de formas inferiores, en virtud de poseer bien una mayor masa (ley de gravitación universal), o mayor fortaleza o habilidades para actuar (ley de selección natural de las especies).

Pese a ser la más universal, es la *violencia* la menos versátil de las formas del *poder*, pues sólo se manifiesta de un único modo, así como también es la menos efectiva, porque genera, incuestionablemente, reacción. Aun las formas más insignificantes de existencia oponen resistencia a ser asimiladas violentamente por formas superiores. Por ejemplo: en el campo molecular, las fuerzas de atracción son respondidas por otras de repulsión, siendo este balance entre acción y reacción lo que asegura la estabilidad de la naturaleza. No hay en ninguna esfera de la existencia aplicación de la *violencia* que no genere resistencia y oposición, lo que es la debilidad fundamental de esta forma universal del *poder*.

La **riqueza** es forma de *poder* propia de la sociedad humana, donde se implantó siguiendo a la *violencia*, que fue la predominante entre las hordas primitivas antes de la aparición de las clases sociales como resultado de la creación de un excedente productivo. Su patrón universal consiste en que la menor o mayor posesión de recursos de todo tipo determina el grado de influencia de unos hombres sobre otros, en virtud de leyes económicas que son la base de toda la organización administrativa de la sociedad.

Resulta la *riqueza* una forma de *poder* más versátil que la *violencia*, pues puede manifestarse de múltiples formas, tanto otorgando como quitando recursos materiales a unos o a otros. Es, naturalmente, mucho más efectiva al alcanzar a los hombres no sólo en su contexto físico (como es el caso de la *violencia*) sino además social (familiar, comunitario, nacional...).

El reinado de la *riqueza* como forma de *poder* en la sociedad humana ha superado al de la *violencia* bruta, siendo la fundamental en nuestros días. Está claro que una forma de *poder* no desplaza por completo a la otra, y en la práctica común *violencia* y *riqueza* se conjugan para determinar grados de *poder* máximos, donde el volumen de participación de una y otra formas marca el nivel de civilización y desarrollo alcanzado por la sociedad.

No está la *riqueza* al margen de generar oposición. Por el contrario. Puede afirmarse que en la práctica social la reacción al poder de la *riqueza* es el detonador de la *violencia*. Para estudiar tal fenómeno y argumentar posiciones filosóficas y políticas, los hombres han elaborado doctrinas con las que tratan de justificar sus acciones prácticas a favor o en contra del *poder* mediante la *riqueza*, por cuanto la justeza o no de su esencia no resulta tan evidente como en el caso de la *violencia* y escapa a la percepción común. De tal modo, el fenómeno de la *riqueza* como forma universal del *poder* ha sido el punto de partida de todas las doctrinas filosóficas, sociológicas y económicas que han llenado de "ismos" a la cultura humana (feudal-ismo, capital-ismo, social-ismo…).

Por último, el **saber** hace su aparición entre las formas universales del *poder*, como atributo exclusivo de la sociedad humana, de cuyo grado de civilización es fiel indicador a partir de la aparición de individuos (sacerdotes, curanderos, profetas, alquimistas…) que comenzaron a jugar dentro del grupo social el papel de guías espirituales, antecedentes de la inconmensurable obra del desarrollo científico-técnico de la Humanidad. Su patrón universal consiste en el respeto y grado de obediencia que impone a los hombres la presencia de quien sea capaz de comprender y desencadenar fenómenos y procesos que escapan a la comprensión general, en virtud de facultades o conocimientos ocultos, o al menos no al alcance de aquellos que aceptan ser asimilados.

Es el *saber* la forma más versátil del *poder*, pues puede ser aplicada a toda manifestación de la actividad humana, así como también mover, mediante el convencimiento, la voluntad de los hombres al cumplimiento de cualquier empeño con más efectividad que como se lograría con la *violencia* o la *riqueza*. No obstante, es común que en la práctica social actúe coordinadamente con las otras dos formas, lo cual es expresión de elevados grados de *poder*. Por ejemplo: las demagogias tratan de convencer sobre su justeza (*saber*), pero aplican por igual las prebendas a sus incondicionales (*riqueza*) y la represión a sus opositores (*violencia*).

También el *saber* genera oposición, pero con un resultado radicalmente diferente al de las otras formas del *poder*, pues la confrontación de ideas que caracteriza a la lucha por el conocimiento es, a no dudar, la base del desarrollo de la Humanidad. Así, la oposición al *saber* genera más *saber*, lo que confiere a esta forma del *poder* una insuperable calidad. Por otra parte, el *saber* es la forma más democrática de *poder*, pues tanto el control de la *violencia* como el de la *riqueza* son privativos de minorías sociales, mientras que todos pueden tener acceso al conocimiento, o al menos el derecho incuestionable a ello.

El segundo aspecto esencial que define al *poder* es el alcance de su aplicación, en sus diversas formas, en la sociedad humana, donde es posible determinar las siguientes **esferas de influencia:**

El **individuo**, como ente primario de toda la especie humana, es el punto de partida y piedra angular en todo el sistema de aplicación del *poder*, o *esferas de influencia*. Ningún análisis sociológico resultará efectivo si no toma al individuo como el elemento fundamental, pues todo conglomerado humano será la conjugación, que no la suma, de factores individuales, especialmente de sus necesidades, posibilidades e intereses.

El fenómeno de aplicación del *poder* en el *individuo* cae de plano en el campo de la Psicología, por depender sobre todo de factores internos, como la voluntad, las aptitudes y las capacidades. Se trata, en definitiva, de la opción del hombre para ejercer sobre sí mismo alguna de las formas del *poder* que él posee, resultando así, al mismo tiempo, sujeto y objeto de su propia conducta.

Por ejemplo: el individuo puede ejercer sobre sí mismo la *violencia*, como forma de *poder*, de múltiples maneras, siendo la autoagresión extrema, o suicidio, la más radical. Cuando decide incurrir en ciertos gastos personales, o privarse de ellos, practica la *riqueza* como forma del *poder* hacia sí mismo. Por último, la formación de conceptos y convicciones a partir del análisis e interpretación de procesos de su realidad, es expresión clara del ejercicio del *saber* como forma del *poder* sobre el individuo. Nada le impide aplicarse una u otra forma de su propio *poder*, como no sean factores internos vinculados con su capacidad de razonamiento, motivaciones, creencias y convicciones. Dado ese carácter intrínseco, de absoluto consumo personal, este proceso -como *esfera de influencia* primaria- se manifiesta esencialmente mediante el *saber*, como forma universal del *poder*.

La **familia** es la segunda gran *esfera de influencia* en la aplicación del *poder*, donde concurren los intereses y necesidades individuales de quienes la integran. Es el soporte de la sociedad, ocupando un importante papel intermedio entre esta y el *individuo*.

El *poder* se ejerce dentro de la familia en todas sus formas y alcanza a todos sus miembros. Los padres emplean su *poder* para criar a sus hijos, así como estos también lo hacen respecto a aquéllos y entre sí. Y los adultos en el seno familiar rigen sus normas de conducta por influjos del *poder* de una u otra forma.

Poco lograrán, por ejemplo, los padres que pretendan guiar a sus hijos aplicando sólo la *violencia* como forma de *poder*, pues ya sabemos que esta es no solamente la menos versátil, sino además la que mayor reacción genera. Tampoco conviene hacer del manejo de la *riqueza* la principal forma de relación de *poder* entre padres e hijos, pues se les educaría en la fatal conclusión de que sólo el elemento material es válido como estímulo y recompensa. Y en cuanto al *saber*, sin dudas resulta la más adecuada forma de ejercicio del *poder* de padres a hijos, mediante el convencimiento y la plática esclarecedora.

Mucho podría decirse sobre la relación entre hermanos, donde los mayores ejercen su *poder* sobre los menores, a quienes tienen como *esfera de influencia*. Y particular fenómeno se produce en la relación de la pareja humana, donde erróneas aplicaciones del *poder* de uno sobre otro pueden conducir a situaciones traumáticas y a trágicos desenlaces.

Finalmente llegamos a la **comunidad**, como la culminante *esfera de influencia* del *poder* en la sociedad humana, pues todo hombre civilizado gusta de vivir en colectividad con sus semejantes. Es sobre todo en la sociedad donde el individuo se realiza como ser humano a partir de la formación recibida, en primera instancia, en su familia. Puede asegurarse que cuanto esfuerzo de perfeccionamiento realiza el hombre va justamente dirigido a alcanzar y consolidar un lugar en el recuento histórico de sus semejantes.

El *poder* en la *comunidad*, con independencia de sus dimensiones (barrio, ciudad, país...) se manifiesta en sus tres formas universales y alcanza en cada una de ellas tal dimensión, que determina la existencia de actividades humanas encargadas de su aplicación. Así, para la administración de la *violencia* existen los órganos represivos y judiciales encargados de velar por el respeto a las leyes vigentes. Se trata de una forma sui géneris de ejercicio del *poder* mediante la *violencia*, pues basta la amenaza de su aplicación para que resulte efectiva. Y de tal modo esta *violencia* preventiva, como forma de *poder* del Estado, es indispensable justamente para impedir que la *violencia* desenfrenada se apropie de la vida de la *comunidad*, y en tal sentido es aceptada por los ciudadanos. Pero si tal *violencia* oficial se convirtiese en excesiva e injustificada, como en el caso de las dictaduras, será rechazada por la *comunidad* y generará, sin dudas, reacción en su contra.

En la *comunidad* el *poder* a través de la *riqueza* se ejerce mediante las relaciones económicas entre los hombres, en virtud de lo cual unos serán empleados por otros para producir bienes materiales y recibir a cambio medios de subsistencia en forma monetaria. En las condiciones del actual nivel de desarrollo de la Humanidad estas relaciones económicas, o de producción, son determinantes en cuanto al papel y posibilidades de los *individuos* para incidir en su vida personal, de su *familia* y de su *comunidad*, por lo que abarcan todas las esferas de influencia del *poder*, y de ahí la gran importancia que ha adquirido entre los hombres el objeto "dinero", al punto de ser erróneamente considerado como principal símbolo de *poder*.

En la *comunidad* la aplicación de la *riqueza* como forma del *poder* corresponde sobre todo a los diversos tipos de dirección social adoptados por la civilización humana, desde el jefe tribal hasta la actual organización gubernamental. La existencia del Estado resulta, por tanto, una necesidad en virtud de su papel de administrador de *riqueza* en la *comunidad*. En la medida en que crecen las dimensiones de esta, surge también la necesidad de elevar el nivel de la forma organizativa de administración. Por ejemplo: a nivel de toda la Humanidad se impone la integración mediante instituciones inter-gubernamentales y mundiales, los pactos y alianzas, que reafirman la condición social del hombre.

En cuanto al *saber*, cada vez su papel se agiganta más como forma del *poder* en el seno de la *comunidad* humana, anunciando que el desarrollo social apunta hacia una nueva era, donde el conocimiento es la llave de paso. En el presente siglo XXI ningún proceso económico, político o social puede ponerse en marcha si no cuenta con las poderosas herramientas de la información.

El acopio y procesamiento de datos, en magnitudes y velocidades jamás soñadas, gracias a la computación, es factor de eficiencia y éxito en todas las esferas de la actividad humana. Y lo que actualmente son sólo pasos de un hombre que apenas comienza a despegar de su cuna planetaria, será alucinante carrera para transitar hacia una civilización de 2do Grado.

Actualmente el *saber*, que en los inicios de la cultura humana estuvo limitado a algunas pocas actividades de tipo místico y subjetivo, está ocupando ya un lugar predominante en todos los campos de la vida social. De tal modo, la aplicación de la *violencia* como forma del *poder* no puede prescindir del *saber*, pues hoy las técnicas policiales más depuradas, o los complejos sistemas de armamentos de las fuerzas armadas, exigen la aplicación de sofisticados medios de computación. La *riqueza*, como forma del *poder*, sería nada en la actualidad sin los poderosos resortes de la automatización cibernética en los procesos de dirección, producción y administración. Sin dudas, cada vez más el *saber* se universaliza e impone como la suprema forma del *poder* en la sociedad humana.

Para que el *poder* resulte, efectivamente, *capacidad de asimilación para el desarrollo,* es inevitable su comportamiento con una tendencia universal, que actúa con independencia de las *formas* y de las *esferas de influencia* específicas: la **expansión**. De tal modo, es posible expresar en el siguiente enunciado toda la esencia de este importante proceso:

El desarrollo es un proceso expansivo de todo lo existente, animado o inanimado, natural o social, en virtud de la asimilación de su entorno mediante la aplicación de su poder en alguna de sus formas y a través de cierto conflicto en el marco de una esfera de influencia determinada.

En todo lo antes dicho, sólo el término *conflicto* resulta nuevo. Para su comprensión es preciso tener en cuenta que tanto en la naturaleza como en la sociedad el *equilibrio* se alcanza como resultado de la confrontación de fuerzas opuestas, lo cual es justamente un *conflicto*. Nada puede existir sin la búsqueda del *equilibrio*, lo que plantea un *conflicto*. Incluso la ausencia de *equilibrio* en cualquier sistema, natural o social, será siempre transitoria, como resultado de ajustes entre las fuerzas en pugna en su interior, volviéndose a la normalidad cuando tal situación conflictiva se resuelva con la reimplantación del *equilibrio*, pero esta vez en una escala superior de desarrollo.

El *conflicto* entre fuerzas centrífuga y centrípeta determina el equilibrado sistema de la mecánica cósmica, el maravilloso engranaje del Universo. El *conflicto* entre la muerte celular y la regeneración es esencial en los procesos metabólicos, y por tanto es la clave de la vida. Incluso en el caos existen razones causales basadas en la *lucha de contrarios*. Sin *conflicto* cesaría el desarrollo, la naturaleza misma agotaría su fuerza vital, y desaparecería.

La **expansión mediante el conflicto**, como tendencia universal, alcanza a todas las formas del *poder*. Dentro de la sociedad humana cada forma actúa expansivamente respecto a las demás, en la búsqueda de grados supremos de *poder*. Así, la *violencia* facilita el acceso a la *riqueza* y al *saber*. La *riqueza* es vía para administrar la *violencia* y propiciar el *saber*. El *saber* puede permitir altos niveles de *violencia* y de *riqueza*. Ejemplos al respecto sobran: la delincuencia busca *riqueza* violentamente, y por igual vía el espionaje gestiona *saber*. Los ricos pueden aplastar violentamente a sus rivales y enviar a sus hijos a las universidades para consolidar su clase social. Los genios atómicos han creado poderosos medios de destrucción masiva, y los genios financieros han acumulado incalculables fortunas y construido imperios.

Otro tanto, aún más decisivo, ocurre en cuanto a las *esferas de influencia*. El *individuo* aislado posee escaso *poder* para enfrentarse a la vida, pero cuando constituye una *familia* su *poder* se incrementa con el de su pareja y sus hijos. El afán expansivo del *poder* mediante el *conflicto* en el marco de las comunidades es la explicación esencial de cuantas guerras ha conocido la especie humana. Aun en términos universales, y a pesar de que cada vez más la *violencia* cede espacios al *saber*, es común hablar de la expansión del hombre por el Universo como "conquista del espacio", lo cual entraña la aceptación de

17

que todo proceso de desarrollo adquiere las características de *expansión mediante el conflicto.*

Esa tendencia universal permite llegar a una importante conclusión: *todo cuanto existe, tanto en la naturaleza como en la sociedad, está atrapado, quiéralo o no, en inevitables sistemas de poder, lo cual significa que, al tiempo de ejercer su poder hacia su esfera de influencia, recibe el efecto de un poder superior, en cuya esfera de influencia está incluido.* De igual modo que las fuerzas físicas o los procesos metabólicos opuestos garantizan el equilibrio en la naturaleza, la existencia de tales *sistemas de poder* lo hace en la sociedad humana.

El hombre acepta con agrado su inserción en un *sistema de poder*, por lo que su existencia no es precisamente traumática, sino imprescindible. Por su condición de ser social necesita de sus semejantes para realizarse, y por ello decide vivir en *familia* y en *comunidad*. Naturalmente, y aunque no sea consciente de ello, lo hace para expandir su *poder*, pero al mismo tiempo, al insertarse en un sistema somete una parte considerable de su individualidad a las exigencias del mismo.

Sin embargo, y aunque acepte tal situación, el hombre siempre aspirará a ocupar el lugar más alto del sistema, lo que le permitiría aplicar las diversas formas de su *poder* en mayor grado y hacia una mayor *esfera de influencia.* Es decir: la *expansión mediante el conflicto* es aspiración implícita a la condición humana.

La causa del *conflicto en el proceso expansivo* es justamente que los sitios encumbrados del sistema de *poder* son siempre muchísimos menos numerosos que la cantidad de aspirantes a ellos. Sólo unos pocos llegarán a las cimas, mientras los más tendrán que conformarse con aspiraciones frustradas. La mayoría de los hechos de violencia familiar o social son protagonizados por *individuos* frustrados en sus aspiraciones de *poder*, que enfermizamente descargan su *violencia* contra quienes puedan quedar dentro de sus reducidas *esferas de influencia*.

No obstante, la verdadera amenaza para la Humanidad no proviene realmente de tales frustrados, sino de aquellos pocos individuos que logran alcanzar la cima del sistema de *poder*. Los caudillos militares, los jerarcas de la riqueza mundial, los jefes del hampa, los tiranos... han enviado a muchísimos más seres humanos a los cementerios que los asesinos en serie. Y eso es precisamente así porque cuentan con un muy superior grado de *poder* y lo ejercen sobre una mayor *esfera de influencia*.

Evitar los desmanes del *poder* sólo es posible manteniendo el equilibrio social. La acción desmedida, sin oposición, no sólo resulta fuente de abuso de *poder*, sino que, y esto es lo más importante, indica un estado de desequilibrio que sólo puede ser transitorio, pues su prolongación terminaría, inevitablemente, con el desmoronamiento de tal inestable *sistema de poder.*

La **Revolución electrónica** iniciada a mediados del siglo XX está determinando, al igual que ocurrió con sus predecesoras (la *agrícola* y la *industrial*), profundas transformaciones en la naturaleza misma del *poder* como base del desarrollo de la Humanidad. No se trata de un simple cambio o transferencia del *poder*, sino de un proceso muchísimo más complejo, donde las mismas relaciones sociales de todo tipo entre los hombres –productivas, ideológicas, políticas...- habrán de experimentar, como ya ocurre, notables modificaciones.

La base de esta transformación está precisamente en el predominio del *saber* como *forma de poder*, por encima de la *violencia* y la *riqueza*, que, aun cuando no desaparezcan, sí adoptarán mecanismos completamente nuevos. También el marco de las *esferas de influencia* se verá transformado durante las décadas venideras, con nuevas concepciones sobre la integración familiar, la eliminación de fronteras políticas, y la creación de comunidades multinacionales, entre otros efectos.

Bajo el influjo del conocimiento los hombres verán transformarse las concepciones sociales, económicas, políticas, ideológicas... sobre las que han erigido los *sistemas de poder* hasta nuestros días.

El *saber*, generalizado como forma predominante del *poder* durante el 3er Milenio, hará a los hombres mucho más poderosos que cuanto fueron antes, y se incrementarán los riesgos de autodestrucción de la Humanidad. Sólo la existencia de *sistemas de poder* estables, en un mundo multipolar, podrá evitar la hecatombe. El paso a *formas de poder* y a *esferas de influencia* superiores sólo será feliz si se combina con un sistema donde nadie quede al margen de un *poder* superior, que en términos universales –además de Dios- será el establecido por la voluntad de todos los seres humanos.

2/ REVOLUCIÓN ES TRANSFORMAR EL EJERCICIO DEL PODER

La **capacidad de asimilación** de todo elemento participante en un determinado proceso natural o social configura su potencialidad funcional, o ejercicio de su **poder** en cierta forma y dentro de una particular **esfera de influencia**. Como ya se dijo, el **poder**, concebido como *capacidad de asimilación para el desarrollo*, es inherente a todo lo existente, vivo o no. De modo que, tanto en la naturaleza como en la sociedad humana, las formas existenciales con mayor *poder* pueden asimilar a otras menos poderosas, que configuran sus *esferas de influencias*, y así se desarrollan, lo que consiste en el tránsito de estadios inferiores y menos complejos, a otros superiores y con mayor complejidad.

Semejante tránsito es explicado por la dialéctica materialista como **evolución cuantitativa**, con la acumulación de pequeños factores, provocando que en un determinado momento y bajo ciertas circunstancias se produzca una radical **transición cualitativa**, mediante la cual el objeto o proceso cambiante se transforma en otra cosa, incluso en su contrario. En resumen, los *cambios cuantitativos* generan *transformaciones cualitativas*, y cuando eso ocurre se pasa del proceso **evolutivo** (cuantitativo) al **revolutivo** (cualitativo). De modo que una **revolución** es, en esencia, un brusco salto cualitativo, gestor de transformaciones radicales con las que se culminan procesos cuantitativos acumulados durante períodos de tiempo más largos.

La naturaleza brinda múltiples ejemplos de tal proceso. El brutal movimiento sísmico es el resultado de la acumulación, durante períodos prolongados de tiempo, de tensiones entre placas tectónicas, las que llegado a un determinado punto se liberan bruscamente, transformando el contexto físico donde se producen y generando una nueva realidad. En la dinámica de la vida, la evolución natural de las especies con imperceptibles cambios físicos como respuestas a la influencia del medio ambiente (temperatura, humedad, vegetación...) es la causa de la transformación revolucionaria en la biología terrestre, con el surgimiento de especímenes mejor adaptados a las nuevas condiciones ambientales.

Aun cuando no es adecuado aplicar mecánicamente en la sociedad humana las mismas leyes que rigen a la naturaleza, pues aquella está presidida, sobre todo, por la actividad psíquica, consciente y voluntaria, de los seres humanos, sí es válido considerar en ella la dinámica y la relación de causas-efectos que se observan en los procesos naturales, por cuanto, como demuestra la Filosofía, la **causalidad** es un principio universal de la existencia material en todas sus manifestaciones. De manera que también en la sociedad humana la acumulación

23

de *procesos evolutivos cuantitativos* desemboca en *transformaciones revolutivas (revolucionarias) cualitativas*, que provocan cambios radicales en las relaciones sociales, particularmente en las referidas al ejercicio del *poder*.

Llegado a este punto se puede afirmar que la *revolución* es una consecuencia inevitable y, en todo caso, necesaria, del propio desarrollo de la sociedad humana, sometida a procesos evolutivos mediante el decursar de su capacidad de producción energética, de su auge científico-técnico, de su enriquecimiento ideológico y cognoscitivo, de la masificación de sus formas y vías de comunicación y el manejo de información, de la creación de una conciencia colectiva cada vez más enriquecida y multifacética. En resumen: del desarrollo de la cultura, como toda huella dejada por el ser humano durante su tránsito por la existencia. Y entonces se podrá comprender por qué los hitos históricos en el decursar de la Humanidad son identificados como *revoluciones* (neolítica, agrícola, industrial, cibernética...)

Pero, semejante afirmación conlleva, ineludiblemente, la conclusión de que un proceso revolucionario en la sociedad humana, así como ocurre en la naturaleza, tendrá que ser resultado de una dinámica social caracterizada por la acumulación de factores cuantitativos que constituyen su causa. Citando nuevamente al líder revolucionario ruso Vladimir Ilich Lenin: "*Una revolución es imposible sin una situación revolucionaria...*"

24

Lo que ha ocurrido a lo largo de la historia de la Humanidad es que semejante principio ha sido violado por líderes políticos empeñados en conducir y provocar cambios sociales, desencadenando *revoluciones* cuando aún los factores causales no se han acumulado de modo suficiente para provocar un salto cualitativo en la situación histórica, queriendo de tal modo forzar la aparición de un efecto que, por la lógica natural de los procesos sociales, sería inevitable en un mayor plazo. Esta violación de la dinámica social sólo puede ser posible de forma traumática, alterando la lógica del funcionamiento colectivo, razón por la cual semejantes intentos se llevan a cabo de manera violenta.

Puede suponerse que, siendo los procesos sociales inevitables factores del desarrollo humano, las *revoluciones*, o transformaciones radicales en el ejercicio del *poder* en la sociedad, son también imparables y surgirían por sí mismas. Pero, esto no es así, sobre todo por lo ya afirmado en cuanto a que, a diferencia de la naturaleza, la sociedad humana está condicionada por la voluntad consciente de sus miembros, lo que introduce el factor motivacional en la toma de decisiones. De modo que, así como líderes "revolucionarios" tienden a forzar los acontecimientos para generar transformaciones sociales prematuramente, aun cuando no existan las causas para ello, líderes "conservadores" procuran frenar o escamotear procesos sociales evolutivos que puedan provocar *revoluciones*, a fin de evitar transformaciones en el ejercicio del *poder*, que pudieran perjudicar sus intereses.

Esa es la realidad social en la mayor parte del planeta, cuando los gobernantes se aferran al poder político con todos los recursos a su alcance, frustrando el normal decursar de acontecimientos cuantitativos que generarían transformaciones sociales. Y así como sucede con los intentos revolucionarios prematuros, también estos empeños por evitar los cambios sociales necesarios, en una lógica relación de causas-efectos, sólo pueden llevarse a cabo mediante la forma más ineficaz de ejercicio del poder: la *violencia*. En consecuencia, tanto la tendencia revolucionaria prematura, como la tendencia conservadurista a ultranza, acudirán a las acciones violentas. Y téngase en cuenta que dicha forma universal de ejercicio del *poder* provoca una consecuencia inevitable: *violencia* como reacción a la *violencia*. Como afirmó el expresidente norteamericano John F. Kennedy, citado en la Introducción: *"Los que hacen la revolución pacífica imposible, harán inevitable la revolución violenta"*.

Además de la *violencia*, un nuevo elemento entra a formar parte de esta dinámica social: la *riqueza*, como forma universal de ejercicio del *poder* que apareció cual efecto de la *Revolución agrícola* a fines de la prehistoria de la Humanidad. Entonces, el mayor éxito en la producción de alimentos requeridos por la comunidad para su subsistencia, gracias a la agricultura y la ganadería, determinó la existencia de un excedente que, además de valor de uso, adquirió valor de cambio, pues con él se podía adquirir productos que la comunidad no creaba, pero sus vecinos sí. Pueblos agrícolas y ganaderos establecieron comercio con pueblos pescadores.

La existencia de tal excedente productivo generó la *riqueza* en las comunidades humanas, primero de forma colectiva, pero progresivamente de forma individual. Los más ricos se erigieron en jefes, controlando según su voluntad a los demás; y el empeño por poseer mayor cantidad de riquezas fue la causa principal del saqueo de unas tribus a otras, génesis de los conflictos bélicos en la Humanidad. De modo que el afán por la *riqueza* resultó generador de la *violencia*, ambas como formas universales de ejercicio del *poder*. Y así hasta nuestros días...

Con la confrontación violenta entre clanes primitivos para apropiarse de la *riqueza* ajena se generó una nueva forma de propiedad: la de unos seres humanos por otros. Los vencedores descubrieron que era más ventajoso dominar a los vencidos que eliminarlos físicamente, sometiéndolos a condiciones de trabajo forzado, mano de obra con la que podrían incrementar la obtención de riquezas. Surge así una **formación económico-social** (término con el que la Economía política identifica a estas etapas en la historia de la Humanidad) diferente a la primitiva comunidad prehistórica: el **Esclavismo**. El paso de la *Comunidad primitiva al Esclavismo* fue un claro ejemplo de proceso revolucionario surgido por la acumulación de cambios cuantitativos hasta provocar el salto cualitativo renovador. Como consecuencia ocurrió la primera división de la sociedad humana en **clases sociales**, con esclavistas y esclavos, caracterizando al reinado de la *riqueza* como forma universal de ejercicio del *poder*.

El *Esclavismo*, con la combinación de *riqueza* y *violencia*, fue la expresión del ejercicio del *poder* que caracterizó a un largo período en la historia de la Humanidad, desde las primeras civilizaciones en África y Asia (Mesopotamia, Egipto, Cercano y Medio Oriente, China...) hasta las décadas iniciales de nuestra era (después de Cristo), sirviendo de sustento político y económico a grandes imperios de la antigüedad, como Grecia, Persia y Roma. Su efecto como generador de riquezas fue tan grande, que incluso sobrevivió a siglos posteriores, cuando, ya en las etapas iniciales del *Capitalismo*, la explotación colonial y expansionista en el Nuevo Mundo y África se basó en la mano de obra esclava.

En Europa y en los pueblos más avanzados de Asia las sociedades esclavistas fueron sustituidas por otro tipo de *formación económico-social* en que el desarrollo tecnológico propició el uso de mano de obra libre, pero sometida a la subordinación a un señor dueño de toda la *riqueza* y poseedor de todos los medios para ejercer la *violencia*, en cuyo feudo debían los siervos subsistir y trabajar. El **Feudalismo** desplazó revolucionariamente al **Esclavismo** cuando las condiciones causales acumularon cambios cuantitativos que generaron el definitivo salto cualitativo. En África el *Esclavismo* subsistió incluso hasta recientemente, dado el atraso tecnológico y cultural a que fueron condenados sus pueblos por la colonización y el aislamiento, mientras que en América, donde el *Esclavismo* se implantó tardíamente, el salto no fue hacia el *Feudalismo*, sino ya directamente hacia una forma superior de organización de la sociedad: el **Capitalismo**.

Con el *Capitalismo*, el reinado de la *riqueza* como forma universal de ejercicio del *poder* en la sociedad humana alcanzó su mayoría de edad, sosteniéndose en las bases del gran desarrollo científico-técnico y la globalización de las relaciones internacionales a partir de los descubrimientos geográficos y la posterior **Revolución industrial**. La sociedad capitalista llevó a los más altos niveles de expresión, con sus antagonismos e imbricaciones, las relaciones entre sus clases sociales fundamentales: la **burguesía** y el **proletariado**, al extremo de que una no puede existir sin la otra, pues incluso hasta en las denominadas "**dictaduras del proletariado**" inevitablemente surge una cierta "**burguesía obrera**".

El *Capitalismo* es el sistema económico-social más firmemente establecido y consolidado en la historia de la Humanidad, pues, siendo el de más corta duración desde su surgimiento y hasta el presente, gracias al colosal desarrollo científico-técnico alcanzado sobre todo durante el siglo XX, es durante su reinado donde se han obtenido los mayores logros tecnológicos de la civilización humana, que ya inició su despegue hacia las estrellas. Pasando por sus etapas de **Colonialismo, Capitalismo de libre concurrencia, Neocolonialismo, Imperialismo,** y **Capitalismo monopolista de Estado,** acumula suficiente fundamento teórico y experiencia como para manipular el curso de los acontecimientos sociales y evitar que la acumulación cuantitativa de procesos causales genere un inevitable tránsito cualitativo hacia una formación diferente, que en las obras de pensadores sociales como Carlos Marx es nombrada **Comunismo.** Sometido a frecuentes crisis globales, el sistema capitalista encuentra formas que le permiten renovar sus estrategias -como el **Liberalismo,** la **Socialdemocracia,** el **Neoliberalismo,** entre otras- y así calmar las aguas de una posible e indeseada "**revolución mundial**".

Veamos una breve descripción de tales etapas y estrategias:

El *Colonialismo* es la etapa de expansión de las grandes potencias en la era de los descubrimientos geográficos, cuando se apropiaron de los territorios descubiertos por sus navegantes, convirtiéndolos en colonias, y en esclavos a sus habitantes.

El *Capitalismo de libre concurrencia* es la etapa gestora del sistema, correspondiendo al momento en que cualquiera con iniciativas, tenacidad y algo de riqueza podía emprender un negocio y entrar en la competencia característica de la denominada **sociedad de mercado**. Grandes futuros magnates iniciaron de tal forma sus imperios.

El *Neocolonialismo* es resultado de las luchas por la independencia en las colonias, que provocaron elevados costos financieros y humanos a las metrópolis, las que optaron por una nueva forma de dominación: concederles la soberanía formal, pero reforzando el control económico sobre ellas.

El *Imperialismo* surge como resultado del proceso de concentración del capital, sustituyendo la libre concurrencia por los grandes consorcios y monopolios financieros, de modo que los destinos de las naciones quedan en manos de unos pocos magnates imperiales. Según Lenin: *"...el monopolio, que nace única y precisamente de la libre concurrencia, es el tránsito del capitalismo a un orden social-económico más elevado".*[2]

El *Capitalismo monopolista de Estado* ocurre cuando los grandes monopolios financieros se apoderan de las estructuras gubernamentales, principalmente a través del capital militar-industrial, abastecedor de las fuerzas armadas y verdadero dueño absoluto del *poder* desde las sombras.

---

[2] **Vladimir Ilich Lenin**: *"El imperialismo, fase superior del capitalismo"*, 1916

El *Liberalismo* es la doctrina política, económica y social que defiende la libertad del individuo y la mínima intervención del Estado en esas esferas de la sociedad.

La *Socialdemocracia* es una corriente política moderada que promueve la transformación de la sociedad desde acciones parlamentarias y no mediante movimientos populares.

El *Neoliberalismo* es una actualización del *Liberalismo*, que deja la vida material de la sociedad en manos privadas y anula la intervención del Estado, limitándolo a un papel representativo en el plano de las relaciones internacionales.

En décadas pasadas, cuando la *violencia* como forma universal de ejercicio del *poder* tenía una presencia notable en las estructuras capitalistas –sobre todo en sus etapas de *Colonialismo* e *Imperialismo*, y bajo las consecuencias de los conflictos territoriales de expansión y las guerras mundiales-, era habitual que los regímenes capitalistas buscarán con acciones violentas la solución a crisis coyunturales, estableciéndose la práctica de los golpes de estado y las dictaduras. Pero, como ya se sabe, semejante ejercicio de la *violencia* por parte de los opresores desencadenó la *violencia* de los oprimidos, justificando el estallido de *revoluciones* en diversas partes del planeta, como tentativas de cambios sociales generalmente extemporáneos, pues el sistema capitalista en esos escenarios no había agotado aún todas sus posibilidades, y las condiciones cuantitativas no estaban dadas para un total y definitivo tránsito cualitativo. Para uno de los paradigmas de la *violencia revolucionaria*, Ernesto Guevara, "*la revolución no es una manzana que cae cuando está podrida; la tienes que hacer caer*". Esto es: esperar el natural efecto evolutivo no es lo adecuado; la *revolución* consiste en sacudir violentamente el árbol para que caiga la manzana, incluso sin madurar...

Tal fue el caso de las acciones insurreccionales en Rusia, China, Egipto, Cuba, Bolivia, Argentina, Uruguay, Perú, Colombia, El Salvador, Nicaragua, Venezuela, Guatemala, Brasil, Portugal... así como en numerosas ex-colonias asiáticas y africanas, ocurridas en el siglo XX. Las que lograron alcanzar el poder político, se frustraron en el largo plazo.

Con el desarrollo de la sociedad humana, sobre todo desde fines del pasado siglo XX, una nueva forma universal de ejercicio del *poder* se consolida a nivel planetario: el *saber*. El auge de las herramientas computacionales, de las nuevas **tecnologías de la información y la comunicación** (TICs), particularmente la **Internet**, incorpora la gestión del conocimiento al alcance de todos en las múltiples formas de la práctica social, lo que incluye a la política y las ideologías. Las corrientes de pensamiento político burgués rescataron ideas surgidas en torno a la década del 60 del siglo XX, conocidas como *teorías de la convergencia*, según las cuales, cuando con el avance científico y tecnológico las sociedades más avanzadas se aproximan en sus respectivos estadios de desarrollo, también las concepciones políticas e ideológicas se hacen coincidentes. Ramón García lo explica así:[3]

La primera -y clásica- formulación de la convergencia procede de Rostow en "The Stages of Economic Growth". Supone que toda sociedad, cualquiera que sea su sistema político, ha de pasar por cinco estadios de crecimiento económico en un camino necesario hacia la modernización: 1) la sociedad tradicional, 2) las condiciones del despegue, 3) el despegue, 4) la madurez, y 5) la edad de consumo de masas. Cree que hay un notable paralelismo entre el desarrollo económico de los EE.UU. y de la URSS. El crecimiento económico es el camino por el cual las sociedades, con independencia de cuáles sean sus sistemas políticos, acabarán por ser iguales.

La *teoría de la convergencia* viene, en definitiva, a ser una teoría de los años 60 (como se prueba por la fecha de publicación de la mayoría de las obras y por su parentesco con teorías del tipo *"fin de las ideologías"*), que trataba de explicar en términos científicos los

---

[3] **Ramón García Cotarelo:** *"Las teorías de la convergencia en las sociedades industriales avanzadas".* Universidad Nacional de Educación a Distancia. Recuperado de: http://e-spacio.uned.es/fez/eserv/bibliuned:DerechoPolitico-1979-3-13330/PDF

fenómenos acompañantes al fin de la *Guerra fría*, del bipolarismo y del monopolio atómico de las dos grandes potencias.

La creencia ortodoxa dentro del campo del marxismo supone que la *convergencia* no solamente es posible, sino también inevitable, por cuanto el *socialismo* representa el futuro del *capitalismo*. Para Marcuse, como para Galbraith, la *convergencia* se origina en las necesidades especiales del progreso tecnológico. Más modernamente va abriéndose camino una teoría adyacente que es posible relacionar con la *tesis de la convergencia de los sistemas*: la de la **revolución científica y técnica,** que viene a afirmar el punto de vista de que tales adelantos suponen un cambio cualitativo en la forma de la organización social.

Sin duda, en ambos casos encontramos teorías cuya función es de carácter legitimario de formas específicas de dominación. En el caso de la teoría de la **sociedad postindustrial,** de lo que se trata, en principio, es de arrebatar toda fundamentación a la actividad política consciente de los seres humanos en un contexto de convivencia. La *sociedad postindustrial* es una sociedad de alternativas económicas y administrativas, una sociedad en la que solamente opinan los expertos sobre parcelas específicas de la realidad y en la que, evidentemente, el ámbito de la totalidad de la vida humana se ha esfumado. En cambio, la *teoría de la revolución científico-técnica* busca probar que el futuro de la sociedad está ya contenido en el presente, que es un mero problema cuantitativo y que no tiene sentido argumentar en favor de transformaciones radicales del orden social, como las que, por ejemplo, pudieran ser necesarias para convertir una pretendida sociedad socialista en una comunista.

El expresidente ecuatoriano Rodrigo Borja escribió:[4]

A fines de los años 50 y durante la década de los 60 del siglo XX los analistas de la situación mundial -Pitirim Sorokin, Raymond Aron, Zbigniew Brzezinski, Samuel P. Huntington, Jan Tinbergen, C. A. Zebot y E. Goodman, entre otros- formularon la *teoría de la convergencia,* que sostenía que no obstante las grandes diferencias políticas y económicas y la animosidad entre las dos superpotencias, su desarrollo científico, tecnológico e industrial les conduciría hacia una creciente aproximación en sus sistemas de gobierno y de organización social, en el marco de una "desideologización" y despolitización -entendidas no en el sentido de la muerte de las ideologías, sino en la

---

[4] **Rodrigo Borja**: "*Teoría de la convergencia*". 2018. Recuperado de: http://www.enciclopediadelapolitica.org/teoria_de_la_convergen cia/

superación de los dogmatismos- llamadas a privilegiar las cuestiones económicas y productivas sobre las ideológico-políticas. Pitirim Sorokin, en los años 40, dirigió su atención hacia ciertas similitudes sociológicas que él encontraba entre los *EE.UU.* y la *URSS* por obra de la interpenetración de valores, y pronosticó la evolución de las dos sociedades hacia una forma socio-cultural mixta.

Posteriormente los economistas Walter W. Rostow, John Galbraith, Jan Tinbergen, Simon Kuznets y otros, después de analizar el desarrollo socioeconómico de los dos países concluyeron que estaba en marcha un proceso de convergencia entre ellos a causa, entre otros factores, del influjo mutuo. Encontraban que en Occidente se adoptaban principios de planificación estatal y se aplicaban políticas de interferencia del mercado y de bienestar social, en tanto que en el bloque oriental se harían concesiones a la economía de mercado y se abrirían espacios para la elección de los consumidores. Rostow profetizó que la sociedad soviética llegaría a una época de consumo masivo y, con eso, asumiría ciertos rasgos de las sociedades capitalistas de Occidente, por encima de sus diferencias en los modos de producción y en las relaciones de propiedad. El economista norteamericano, que colaboró con el gobierno de John Kennedy, supuso en 1960 que en un plazo de unos 35 años la Unión Soviética alcanzaría los niveles de industrialización de Estados Unidos y entonces las dos sociedades industriales tendrían varios rasgos comunes. Eso, en realidad, no ocurrió, pero con el colapso del marxismo como forma de organización social la convergencia ha ido mucho más lejos de lo que él y los otros economistas pudieron suponer.

El economista holandés Jan Tinbergen, en su folleto *"Convergencia de los sistemas económicos del Este y del Oeste"* (1968), anotó que esa convergencia se producía *"como consecuencia de la experiencia recogida por cada sociedad dentro del ámbito de su propio sistema y no como consecuencia del deseo de imitar al otro sistema"*. La tesis era que bajo la planificación matemática *-mathematical planning-* las decisiones de los dos sistemas tenderían a aproximarse en cuanto a productividad, formación de los precios, planeación económica, atención a las demandas de los consumidores, seguridad social, modernización de los aparatos industriales y otros elementos de la economía, con lo cual era de esperar una disminución en la intensidad del conflicto entre el Este y el Oeste.

Por supuesto que la *teoría de la convergencia* fue frontalmente rechazada por los ideólogos marxistas, que la calificaron como una "teoría burguesa" contraria al materialismo histórico. Ellos consideraron que la polarización entre los dos sistemas era inevitable y que culminaría en el triunfo definitivo del socialismo marxista sobre el capitalismo. La confrontación Este-Oeste, con toda su carga ideológica, era para el secretario general del Partido Comunista y primer ministro del gobierno soviético, Nikita Kruschov (1894-1971), una forma de la lucha de clases y, por lo mismo, no había posibilidad alguna de una aproximación entre los dos sistemas contendientes. Según la interpretación marxista de la historia, no había espacio alguno de convergencia entre el capitalismo -con su propiedad privada sobre los medios de producción, la estructura clasista de su sociedad y el desaforado interés de lucro de los monopolios- y la sociedad socialista sin clases, en la que se habían expropiado los instrumentos productivos. Sin embargo, a finales del siglo el mundo tomó una dirección diferente. La Unión Soviética colapsó bajo el peso de sus errores -la estatificación total de los instrumentos de la producción le condujo a la baja, hasta niveles insostenibles, de la cantidad y calidad de su producción y a su incompetencia en el mercado internacional globalizado-, mientras que Estados Unidos, triunfadores de la *guerra fría,* asumieron el liderazgo en un mundo unipolar.

Dos conclusiones esenciales pueden obtenerse del análisis de tales acontecimientos:

Primero: la condición y las necesidades humanas son absolutas y están por encima de las ideologías.

Segundo: el dogmatismo, la intolerancia y otros males políticos condenan irremediablemente al fracaso, a pesar de las buenas intenciones.

3/ LA CONDICIÓN Y LAS NECESIDADES HUMANAS SON ABSOLUTAS

Hay dos categorías imprescindibles para definir y comprender al ser humano y sus acciones: la **condición humana** y las **necesidades humanas**.

La *condición humana* está dada por la principal característica del ser inteligente que habita el planeta como especie dominante, y puede resumirse en su cualidad de *ser social*, que requiere de la convivencia en colectivo para subsistir y desarrollarse. Como expresó Daniel Goleman, psicólogo norteamericano autor de la *teoría de la Inteligencia emocional*: *"El ser humano es un ser emocional, social, que desarrolló el intelecto y aprendió a pensar"*.

Las *necesidades humanas* son condiciones que el ser humano necesita satisfacer para existir, y son esencialmente las siguientes: de **subsistencia**, consistentes en alimentarse, abrigarse, protegerse, y toda acción que le permita preservar su existencia individual, por lo que tienen carácter ontogenético; de **desarrollo**, consistentes en encauzar su condición humana, comunicarse con los demás, adquirir información y conocimientos, establecer vínculos afectivos, procrear, propiciar las relaciones interpersonales a escala social para la preservación y evolución de su especie, por lo que tienen carácter filogenético.

Estas categorías surten igual efecto en todos los seres humanos, al margen de en qué sitio y bajo qué condiciones económico-sociales vivan, sea en una metrópolis postmoderna o en lo profundo de la selva amazónica, tengan acceso a tecnologías de avanzada o sobrevivan en extremo atraso cultural. Más aún: son válidas para toda especie inteligente en cualquier rincón del Universo, lo que hace posible nuestro contacto y entendimiento con civilizaciones extraterrestres.

La *condición humana* se manifiesta particularmente a nivel del individuo, de la persona, mientras que las *necesidades humanas* actúan tanto sobre el *individuo* (las de *subsistencia*) como sobre su *familia* y la *comunidad* (las de *desarrollo*). De tal modo estas categorías se imbrican con las *esferas de influencia* correspondientes a los *sistemas de poder* en la sociedad.

La *condición humana* es una cualidad que se estructura mediante la interacción de las personas con su entorno, principalmente social. A diferencia de los animales, que nacen dotados de cualidades físicas que les permiten reaccionar con relativa rapidez a los influjos externos, la **persona humana** viene al mundo absolutamente desprovista de recursos de subsistencia. Solamente el acto reflejo de succión ante cualquier objeto introducido entre sus labios, propio de los mamíferos para alimentarse, y la reacción del llanto para expresar molestia, incomodidad o dolor, son las herramientas genéticas con las que el recién nacido ser humano se asoma a su realidad.

De manera que la relación de la *persona humana* con su entorno social desde que nace es una necesidad ineludible, de la cual va a depender la estructuración adecuada y armónica tanto de su ser como de su razón de ser.

En el marco de su familia, como su inicial ámbito de desempeño, la *persona humana* dispondrá de las condiciones e interacciones necesarias para la conformación progresiva de su personalidad, al mismo tiempo que para su desarrollo físico e intelectual. La vida humana se estructura allí tanto en su individualidad como en su originalidad, en la medida en que su cuerpo material y su alma espiritual se van desarrollando, según las particularidades ontológicas de cada persona.

El ámbito familiar es un ambiente de aprendizaje constante y efectivo, el que se ejecuta mediante la capacidad de observación e imitación del pequeño ser humano, sometido a la influencia de la conducta adulta que le rodea. Es un proceso que se desarrolla de forma consciente o involuntaria, según los casos, pero siempre con idénticos resultados: el desarrollo de la inteligencia, la apropiación de conceptos, la potenciación del conocimiento sensitivo, el ejercicio de la voluntad, y en definitiva la adquisición de importantes valores corporales, espirituales y afectivos, que se irán consolidando en la medida en que el individuo crece, con la progresiva maduración de su personalidad.

El **proceso educativo**, que más adelante se extiende al ámbito social con la incorporación del pequeño ser al sistema escolar, tiene la misión fundamental de contribuir, de manera consciente e intencionada, al desarrollo de los **valores originarios** que están implícitamente dados por la propia *condición humana*, a fin de estructurar, a partir de ellos, **valores finales** acordes con las exigencias y normas de la sociedad en que se vive. En la medida en que dicho proceso de **educación en valores** se desarrolla, surgen y consolidan en la *persona humana* un conjunto de cualidades que establecen el autocontrol de la personalidad, definen los rasgos predominantes del carácter, y se erigen en virtudes reconocidas por los demás como contribuciones del individuo al bien social.

La **educación** prepara al individuo para la vida desde la más temprana edad, permitiéndole adquirir, desarrollar y potenciar virtudes sobre la base de su inteligencia y voluntad, con las cuales los *valores originarios* alcanzan una dimensión adecuada a las necesidades de la *persona humana* como ente activo en sus ámbitos de desempeño, o *esferas de influencia*.

De tal modo, con el decursar de su formación educativa y cultural el individuo no sólo adquiere conocimientos y habilidades que le permitan un desempeño profesional en la esfera laboral, sino sobre todo se confirma en su *condición humana,* potencia sus *valores* y desarrolla sus *virtudes*, aprende a controlar sus *pasiones*, y a orientar adecuadamente su *inteligencia* y su *voluntad*, lo que determina su verdadera *dimensión ética* y la plenitud en el ejercicio de su *espiritualidad*, caracterizándose sobre todo por las manifestaciones francas y espontáneas de *afectividad* que presidirán todos los campos de sus *relaciones humanas.*

Con la **madurez**, e insertándose ya en el ámbito del desempeño laboral y otros de tipo comunitario (la vida social, recreación, actividades profesionales, etc.), la *persona humana* recibirá como respuesta a sus acciones unas u otras expresiones de afectividad, según sean los mensajes que transmita con su conducta. La permanente y poderosa influencia de los *valores originarios* determina que siempre el individuo caracterizado por una normal conducta humana y civilizada procure la aceptación de sus semejantes, sentirse parte del todo y nunca rechazado por los demás. Y para lograrlo, el individuo permanentemente estará revisando, consciente o involuntariamente, sus acciones a fin de evaluar sus resultados y procurar las modificaciones pertinentes.

La capacidad de **autoevaluación** es el recurso psicológico más poderoso que poseen las personas para consolidar y perfeccionar su *condición humana*. La *introspección, o examen de conciencia*, es la más positiva actitud y procedimiento que la *persona humana* puede poner en práctica para procurar su mejoramiento individual, pues, en este ejercicio no tienen cabida el engaño o la simulación. Cada quien tiene aquí la posibilidad real de conocerse tal cual es, tener pleno acceso a sus verdaderos pensamientos y sentimientos, aquellos que se cuida de ocultar a los demás, pero que no pueden escapar a su propia visión interior.

No obstante, para alcanzar los mejores resultados en este ejercicio de *autoevaluación* no basta con detectar las limitaciones personales, ya que eso puede hacerlo todo el mundo. Lo más importante es saber discernir qué de lo que se descubre es lo bueno y qué es lo malo, lo cual sólo podrá hacerse con efectividad aplicando una bien definida **escala de valores,** contando con la inteligencia y el discernimiento suficientes para encontrar las causas de unas y otras tendencias, y finalmente disponiendo de la voluntad necesaria para alcanzar el *mejoramiento humano* con la aplicación de *estrategias de comportamiento* que permitan incrementar los efectos positivos y erradicar los negativos, en nuestras actitudes y comportamientos.

De tal manera, la *autoevaluación* se estructurará en una eficaz herramienta individual para el perfeccionamiento de la *condición humana*. Hacerlo requiere de varias cualidades en la persona, como la humildad, la sinceridad, la capacidad de aceptación, y en definitiva la absoluta disposición hacia el perfeccionamiento, sobre la base de modelos ejemplares de conductas que se asuman como paradigmas, lo cual se construye, también, a través de un proceso de aprendizaje en la sociedad.

La **sociedad** es la estructura básica de la Humanidad, condición indispensable para su existencia y desarrollo. La especie humana no es la única que vive en *sociedad*, pues también lo hacen otras múltiples especies animales, siendo destacada la organización social de insectos como termitas, abejas y hormigas. Sin embargo, el principal valor de la *sociedad humana* radica en que, si bien surgió de una primigenia necesidad biológica, instintiva y natural, con su desarrollo se transformó en una alianza asumida consciente y voluntariamente por los individuos que la conforman. De tal modo, se sustenta en un determinado **contrato social**, o conjunto de normas que sus miembros aceptan con beneplácito, pues de ello depende la estabilidad y seguridad existencial de todos y cada uno.

Así se construye una relación holística, donde *el todo es mucho más importante y trascendental que la simple suma de las partes*, principio que debe ser la piedra angular de la *sociedad humana*.

Es verdad incuestionable que, por el carácter objetivo de la realidad, el ser humano *piensa como vive, y no vive como piensa*. De modo que en la pirámide estructural que configura a la *sociedad*, su base adquiere necesariamente significado en cuanto a condiciones de existencia material determinadas por la creación de recursos para la supervivencia.

Semejante base económica, o **infraestructura**, se construye mediante la existencia de determinados **modos de producción,** que son las formas en que los seres humanos se han organizado históricamente para aprovechar los recursos de la naturaleza, creando y distribuyendo los bienes materiales necesarios para subsistir. Los *modos de producción* han ido cambiando a lo largo de la historia humana, en correspondencia con la evolución de la sociedad, teniendo como principal motor el **desarrollo de las fuerzas productivas** por el avance científico y tecnológico de la Humanidad. Sin una base económica adecuada no son posibles la subsistencia y el desarrollo, y pretenderlo sólo tiene un nombre: **utopía**.

Otra verdad incuestionable de la existencia humana parte de la prédica cristiana de que *"no sólo de pan vive el hombre".* La Humanidad es, sobre todo, un conglomerado de seres pensantes, dotados de conciencia y espiritualidad, lo cual es su principal diferencia con todas las otras especies animales. Si en su afán por dominar la naturaleza para la creación de bienes materiales la Humanidad creó la *ciencia* y la *tecnología*, en su ejercicio intelectual los seres humanos han forjado la *cultura.* De modo que *la ciencia, la tecnología y la cultura* son los tres pilares que sustentan a la Humanidad.

El colosal edificio de la *cultura humana* constituye la **superestructura** de la sociedad, donde residen ideologías, creencias, valores, conocimientos, normas, tradiciones, religión, historia, mitos y leyendas, arte, y todas aquellas prácticas que propician al ser humano un mayor conocimiento sobre su esencia individual y social. Tal como la *infraestructura* es el corazón de la Humanidad, que le aporta su energía vital, la *superestructura* es su cerebro, que le dota de inspiración y guía espiritual.

La existencia de conciencia y espiritualidad, como elementos que configuran la *superestructura*, condiciona a la **individualidad**. El ser humano, lejos de ser una simple pieza en la gran maquinaria de su especie es, sobre todo, un compendio de la misma Humanidad, con su personal historia y marco de relaciones que le hacen particularmente insustituible. Como ser biológico, cada ser humano nace ontogenéticamente programado para subsistir, con instintos de supervivencia que le permitan cumplir su misión filogenética superior: *contribuir a la preservación y desarrollo de su especie.* Proteger y desarrollar el ego en función de necesidades comunes es la principal tarea de cada individuo en la sociedad humana, lo cual exige no sólo su preservación física, sino además su desarrollo intelectual y cultural en general. Tal es la importancia del *individuo* dentro de la *sociedad*, y un régimen que pretenda anular al *individuo* en interés de lo colectivo estará negando esta función, dañando el vital **sentido de pertenencia** de cada persona al grupo humano, en detrimento de este.

El proceso de creación de bienes materiales, que se realiza en la base económica (o *infraestructura*) de la *sociedad*, ha tenido diversas características históricas, en dependencia del desarrollo científico-técnico de la Humanidad, conformando los denominados **modos de producción**. El *elemento dinámico* de cada *modo de producción* son las **fuerzas productivas**, integradas por el trabajo humano, los medios de producción, los objetos de trabajo y las materias primas sobre las que se actúa. De tal manera, en el esquema piramidal de la *sociedad* las *fuerzas productivas* se vinculan con el papel del *individuo*, como agente activo básico.

Por otro lado, el *elemento regulador* de cada modo de producción son las **relaciones de producción**, que caracterizan cómo influye la *superestructura* social en la organización y ejecución de la labor productiva, lo que depende, sobre todo, de las *formas de propiedad sobre los medios de producción*, de trabajo y materias primas, así como de la situación social de los grupos humanos (o clases sociales) involucradas, y finalmente de las *formas de distribución de lo producido*. Esta dinámica social es el tema de la *Economía política*.

La creación de la *cultura humana*, como proceso que configura a la *superestructura* social tiene una única y poderosa herramienta: la **educación**. Ella puede ser *formal* (la que se imparte en instituciones educativas) y *no formal o informal* (la que se recibe en interacción con todos los posibles agentes sociales, a partir de la familia). Ambos tipos no son excluyentes entre sí, y tienen que complementarse para alcanzar la máxima calidad en la gestión educativa.

De la *educación formal* se adquieren sobre todo competencias para la **gestión de gobierno**. De la *no formal* se adquieren capacidades para la **gestión social**. En la *gestión de gobierno* es básico el desarrollo de recursos institucionales para la legislación, la administración, el control, así como la inclusión para la toma de decisiones que involucren a la *sociedad*. En la *gestión social* son esenciales la participación general, la fiscalización de la *gestión de gobierno*, el disfrute de una información mediática de calidad y de tecnologías comunicacionales, el emprendimiento productivo a diversas escalas, entre otros.

¿Qué resultados deben pretenderse con la *gestión educativa*? Principalmente, la *formación en valores*, de *conciencia ciudadana*, *cultura política*, y *memoria histórica*, entre otros recursos supra-estructúrales que configuren a la *persona humana* y enriquezcan a la *sociedad*, tal como se resume en el siguiente mapa conceptual...

51

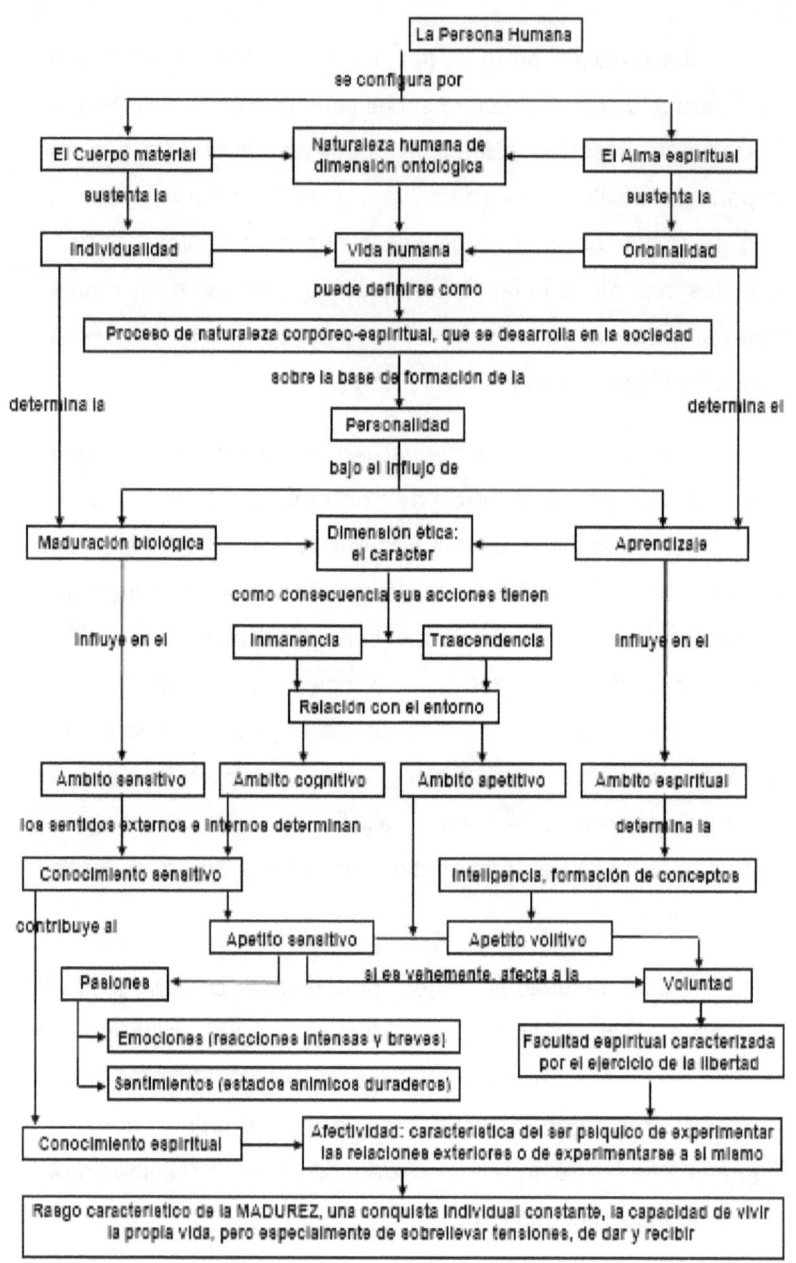

Analicemos su contenido. Una persona puede definirse como *"sujeto de naturaleza corpóreo-espiritual que se desarrolla en la sociedad"*. Por la espiritualidad la *persona* tiene *conciencia de sí*, y solamente ella puede decir *"soy una persona"*. El animal no puede pensar *"soy"*.

La *persona*, aunque compuesta, es una, un único sujeto. La parte corpórea es semejante a la del animal y simplemente aparece. La parte *anímica* es espiritual y, gracias a ella, el ser humano puede volverse sobre sí, saber que existe, darle sentido a su vida y a su muerte. En lo esencial, los dos componentes abarcan todo lo que corresponde a la *naturaleza humana*. Esta es la *dimensión ontológica*.

La *corporeidad* de la persona tiene *individualidad*, y además de un organismo biológico sustenta lo psíquico como una realidad pre-ordenada a la convivencia. En el cuerpo se inserta la herencia de nuestros progenitores. Por la *espiritualidad* la persona es irrepetible, cada alma es original y exclusiva, lo que da al ser humano una dignidad que ninguno de sus semejantes puede sustituir. La vida humana desde el punto de vista ontológico se caracteriza por la unidad de la *individualidad* y la *irrepetibilidad*.

En *sociedad* se recibe la *educación* que nos ayuda a conocernos mejor y a establecer relaciones con los demás. En *sociedad* cada uno va desplegando su naturaleza por medio de sus características personales. El trato con otras personas y el contacto con un determinado medio cultural influyen en el desarrollo y configuración de la *personalidad*.

Hay dos factores que ayudan al desarrollo de la *personalidad*: la *maduración biológica* y el *aprendizaje*. Lo primero es un proceso autónomo, casi independiente del medio, por el cual las potencialidades del *individuo* (herencia) se van desarrollando espontáneamente con el paso del tiempo. Lo segundo puede definirse como *cambio de conducta* o rendimiento como consecuencia de la asimilación de la *experiencia colectiva*. El desarrollo de la *personalidad* no puede ser de cualquier modo; la persona tiene una *dimensión ética*, que consiste en la responsabilidad de alcanzar la perfección que le corresponde como ser humano, partiendo de sus posibilidades. A esto se le llama *forjar el carácter*.

El ser humano se enriquece porque su vida tiene *inmanencia* (acciones cuyos efectos quedan dentro del sujeto): guarda y conserva. Pero además tiene *trascendencia*, por cuanto lo que realiza conlleva una *intencionalidad* que influye en su entorno. Esta condición le obliga a que se ejercite en la adquisición de *virtudes*, o hábitos operativos buenos, por los que desarrolla *facilidad*, *prontitud* y *satisfacción personal* para hacer el *bien*. Las virtudes facilitan el trato con los demás, y por tanto la *integración social*.

Por la composición corpóreo-espiritual podemos hablar de un *ámbito sensitivo* sustentado en el cuerpo y un *ámbito espiritual* sustentado en la mente, en la conciencia y en el alma. Además, como la *persona* establece relación con el entorno, también podemos hablar del *ámbito cognitivo* y del *apetitivo*.

La *persona* inicia su relación con el mundo por el *conocimiento sensitivo*. Los cinco sentidos externos son las ventanas por las que se introduce lo externo. Estos datos se recogen en los sentidos internos y por ellos percibimos los objetos, formamos las imágenes y las recordamos. Este proceso del conocimiento se prolonga, pues la *inteligencia*, facultad espiritual, forma los *conceptos* a partir de las *imágenes sensibles*. Gracias a la *inteligencia* la *persona* puede comprender la situación en sí, inventar soluciones adecuadas, establecer juicios valorativos… para alcanzar la *verdad*, que es el objetivo de esta facultad.

Pero todo conocimiento desencadena un *apetito*, un deseo que satisfacer. El *conocimiento sensorial* desarrolla el *apetito sensitivo*, y el *conocimiento espiritual* el *apetito volitivo*. El *apetito sensitivo* se caracteriza por movimientos de aceptación o de rechazo, denominados *pasiones*, las que según su intensidad y duración pueden devenir en *emociones* o en *sentimientos*. Las *emociones* son reacciones globales, intensas y breves ante situaciones inesperadas, y suelen tener un correlato fisiológico. Los *sentimientos* son estados emocionales difusos y duraderos, no fácilmente detectables en cada persona. Por su parte, el *apetito volitivo* busca el *bien*. Estamos hablando de la *voluntad*, facultad espiritual caracterizada por el *ejercicio de la libertad*. En este nivel la persona se auto-determina, es plenamente dueña de sus actos, realiza lo propuesto por la *inteligencia*, y se sirve de los apetitos sensitivos para alcanzar con prontitud la meta fijada.

El *conocimiento sensitivo* desencadena el *conocimiento espiritual*, y a la vez el *apetito sensitivo*. Si en algún caso el *apetito sensitivo* es vehemente, puede imposibilitar el recto ejercicio de la *inteligencia* y también impedir el trabajo de la *voluntad*. Lo ideal es tener a la *inteligencia* libre de impedimentos para evaluar los datos del *conocimiento* y las *inclinaciones apetitivas sensibles*. Así llegará a la *voluntad* la información adecuada de la *inteligencia*, que podrá inducir a una buena actuación.

Finalmente, es necesario mencionar el amplio campo de la *afectividad*, entendiéndola como la característica del ser psíquico de experimentar íntimamente las realidades exteriores o de experimentarse a sí mismo. La *afectividad* envuelve todos los aspectos de la *persona*, pero lo más adecuado es encontrarla desplazada hacia el *ámbito espiritual*, para lograr que este conduzca al *ámbito sensitivo*. El problema de la *madurez* consiste en evitar el desplazamiento e instalación de afectividades en la zona sensitiva.

La *madurez* es una conquista individual constante, es la capacidad de vivir la propia vida, pero especialmente de sobrellevar tensiones, de dar y recibir. Una persona madura acepta al otro y lo respeta, evita utilizarlo y ser utilizada, sabe ver a los demás en su realidad sin caer en idealismos, sabe encontrar el sitio que le corresponde en cada una de sus relaciones sociales, de igualdad, superioridad o inferioridad.

El reto de ser personas, es ser mejores seres humanos. Esto se transfiere al ámbito de las ideas y las acciones. Las ideologías se estructuran en función del *bien* (son raras las que se proponen cultivar el *mal*), pero son las actividades humanas las que expresan y evalúan la certeza de las ideas. *De buenas intenciones está empedrado el camino del infierno*, dice un viejo refrán, lo que demuestra que lo comúnmente erróneo en el quehacer humano no es cómo se piensa, sino cómo se actúa...

4/ EL DOGMATISMO, LA INTOLERANCIA Y OTROS MALES POLÍTICOS

En el *debate político-ideológico* es común clasificar las tendencias en dos campos opuestos: **izquierda** y **derecha**, una práctica dogmática histórica, ignorando que la verdadera y objetiva división de la *sociedad* no es política, sino económica, entre ricos y pobres, entre quienes lo tienen todo y quienes carecen de todo.

Históricamente las **ideologías** se han diseñado para mantener o cambiar esa realidad, según el bando a que pertenezcan sus autores, con la característica esencial de que quienes han tenido, y tienen, la capacidad de concebir y proclamar *ideologías*, como resultado de poseer conocimientos y acervo cultural, son precisamente quienes cuentan con los recursos necesarios para estudiar e investigar sobre el ámbito social. Quienes carecen de todo están condenados a la ignorancia, y en consecuencia no tienen ni conocimientos ni tiempo, en medio de su cotidiana lucha por la supervivencia, para diseñar *ideologías*.

De manera que del mismo grupo social salen tanto los ideólogos empeñados en defender a los ricos como los que hacen causa común con los pobres. Los grandes teóricos de la *revolución mundial*, Carlos Marx y Federico Engels, eran de origen burgués, lo que les permitió acceder a universidades, formarse culturalmente para elaborar sus teorías políticas y gestionar sus acciones revolucionarias. Esa evidente traición ideológica a la clase social de origen es base de la incongruencia en la gestión de los partidos políticos, tan común en la realidad mundial.

Por su mayor posibilidad de adquirir conocimientos, la *burguesía* siempre ha tenido más conciencia de clase que el *proletariado* (ni qué decir del campesinado o de las poblaciones indígenas). Mientras las masas trabajadoras son vulnerables a dejarse manipular y dividir por populismos y míseras prebendas, los burgueses están más unidos entre sí por intereses comunes, uno de los cuales consiste en seguir manteniendo a los pobres en la ignorancia para que no les arrebaten el monopolio del pensamiento y del liderazgo político.

De modo que *izquierda* y *derecha* son en realidad dos caras de una misma moneda: la del dominio de quien tiene todo sobre quien tiene nada. Y por eso la gestión política en países tan desiguales como los de nuestra América Latina siempre ha estado, ¡y estará!, regida por el *dogmatismo*, la *demagogia* y otros males. Sólo un sistema de gobierno que deje de lado las banderas partidistas y las consignas ideológicas para potenciar la eliminación de desigualdades sociales con base en *principios humanísticos*, como la justa distribución de la riqueza y la creación de oportunidades para todas las personas, podrá hacer realidad la plena satisfacción de las *necesidades humanas*.

Al *individuo* no le importa cómo piense ideológicamente quien dirige al país, si es de *izquierda* o de *derecha*. Le interesa que haga realidad el mensaje cristiano: *"El pan nuestro de cada día, dánoslo hoy..."*

La gestión que fomente males políticos está condenada al fracaso, y con ello se arrastra a la frustración a quienes, como actores activos o pasivos, se hayan dejado cautivar por los cantos de sirena de las consignas, promesas y puestas en escena de las clases políticas en una u otra orilla, lo que se manifiesta en grado máximo en las campañas electorales, donde el principio rector de los postulantes puede resumirse en la siguiente cuarteta:

> *Prometer y prometer*
> *Hasta lograrla meter.[5]*
> *Después de haberla metido...*
> *¡Olvidar lo prometido!*

Los líderes políticos hacen uso habitual de este principio, pues tienen la necesidad de reclutar grandes contingentes de seguidores con los que llevar a cabo las sacudidas sociales que promueven. Así, al tiempo de denunciar una situación traumática para sus acólitos, lo cual generalmente resulta ser verdad, les

---

[5] ¡Meter la mano en la política! (aclaración para morbosos).

prometen un panorama diferente, idílico, tras conquistar el *poder*, lo cual generalmente resultará ser mentira, una inalcanzable *utopía*.

Las transformaciones sociales a lo largo de la historia de la Humanidad siempre han requerido de líderes, incubados mediante *ideologías* y *partidos políticos*, de modo que podría afirmarse, dada esa reiteración, que son indispensables en la dinámica social. El teórico revolucionario ruso Georgi Plejanov escribió en su obra "*El papel del individuo en la historia*":[6]

Resulta, pues, que, gracias a las peculiaridades de su carácter, los individuos pueden influir en los destinos de la sociedad. A veces, la influencia es, incluso, bastante considerable, pero tanto la posibilidad misma de esta influencia como sus proporciones son determinadas por la organización de la sociedad, por la correlación de las fuerzas que en ella actúan. El carácter del individuo constituye el "factor" del desarrollo social sólo allí, sólo entonces, y sólo en el grado en que lo permiten las relaciones sociales. Se nos puede objetar que el grado de la influencia personal depende, asimismo, del talento del individuo. Estamos de acuerdo. Pero el individuo constituye el "factor" del desarrollo social cuando ocupa en la sociedad la situación necesaria a este efecto.

---

[6] **Georgi Plejanov**. "*El papel del individuo en la historia*". Publicado por primera vez en 1898.

Dos condiciones son necesarias para que el hombre dotado de cierto talento ejerza gracias a él una gran influencia sobre el curso de los acontecimientos. Es preciso, en primer término, que su talento corresponda mejor que los demás a las necesidades sociales de una época determinada; si Napoleón en vez de su genio militar, hubiese poseído el genio musical de Beethoven, no habría llegado, naturalmente, a ser emperador. En segundo término, el régimen social vigente no debe cerrar el camino al individuo dotado de un determinado talento, necesario y útil justamente en el momento de que se trate. El mismo Napoleón habría muerto como un general poco conocido, o con el nombre de coronel Buonaparte, si el viejo régimen hubiese durado en Francia setenta y cinco años más.

La referencia a Napoleón Bonaparte me permite una reflexión más sobre la oportunidad de las sacudidas en la dinámica social. Las condiciones socio-económicas de Francia a fines del siglo XVIII evidenciaban la aguda crisis de la monarquía, condenando a las más deplorables condiciones de existencia a la población. Podría decirse que la sucesión de procesos cuantitativos conduciría inevitablemente al salto cualitativo social que pondría fin a la monarquía como régimen político en Francia en un momento determinado. Las circunstancias fueron aprovechadas por los líderes jacobinos para convocar al pueblo a las calles y desatar, en 1789, la *revolución* que daría paso a un nuevo sistema político, el de la *burguesía*.

Sin embargo, la Historia aparentemente se negó a aceptar la sustitución de un sistema por otro en aquel momento en el país galo, tal vez por resultar todavía prematura. Y tras un breve período de incertidumbre y luchas intestinas y agresiones externas, el empeño revolucionario colapsó, llegando finalmente a la dirección del país un líder militar que, en claro retroceso histórico, reimplantó el sistema de gobierno monárquico al declararse *Emperador de Francia*: Napoleón I.

Poniendo a un lado los cálculos macabros de quienes emplean la carrera política para llevar a cabo personales proyectos inhumanos, afiliados a doctrinas extremistas, racistas y genocidas de dominación, obligados a disfrazar sus verdaderas intenciones, pues de proclamarlas en lo que son, muy pocos los seguirían conscientemente, supondremos que la mayoría de políticos que prometen lo que en la práctica no podrán cumplir lo hacen de buena fe, tal vez bajo el autoengaño al que les inducen sus creencias.

Males políticos como los que se exponen a continuación terminan bloqueando el razonamiento y la comprensión objetiva de la realidad en la lucha partidista…

a) El dogmatismo en las ideas.

Considerar que el contexto político se resume a posiciones de *izquierda* o de *derecha*, eliminando otras alternativas, es un enfoque simplista de la compleja realidad social, donde el factor determinante no son las *creencias ideológicas*, pertenecientes al subjetivo campo de la *superestructura*, sino las *relaciones económicas*, derivadas de la acción objetiva y material del *modo de producción y apropiación de lo producido*.

b) La intolerancia en el discurso.

Creer y proclamar que sólo mi mensaje contiene la verdad absoluta, y que todo cuanto dice mi contrario debe ser rechazado, impide aceptar y asimilar lo positivo y valioso que históricamente acumula la actividad humana en todos los campos, y que como herencia intangible debe ser tomado en cuenta hacia la posteridad. A lo largo de la historia humana el *ecumenismo* persigue la integración de corrientes de pensamiento opuestas, pero con una base común, en el álgido terreno de las doctrinas religiosas. En la política también el *ecumenismo* es una necesidad...

c) La intransigencia en la conducta.

No poner en práctica la *autocrítica* y el reconocimiento de los errores cometidos, así como la necesidad de superarlos considerando las recomendaciones convenientes, no importa de dónde vengan, conlleva al estatismo, la parálisis en la acción política e incluso a su retroceso hasta situaciones sin salida.

d) La doble moral en el actuar.

La práctica del "*haz lo que yo digo, pero no lo que yo hago*" es más común que lo deseado en el ámbito político, y expresa la manifestación del "alter ego" que reside en cada líder, generalmente como resultado de la clase social a la que verdaderamente pertenece. Quien nació y creció como burgués no dejará de extrañar los hábitos burgueses, y acudirá a ellos entre bambalinas cada vez que pueda, aunque en las tribunas los condene.

e) La demagogia en las campañas.

"*Haré el puente, y si no hay un río debajo, también lo haré…*", falsas promesas que entusiasman a los seguidores, pero que son imposibles de cumplir, hábito común en el quehacer político, como cantos de sirena dirigidos a cautivar la conciencia de quienes ven en el líder la solución mágica a todos los problemas, dándole su respaldo a ultranza.

f) La corrupción en los métodos.

Basar la gestión en el fundamento de que "*todo tiene un precio, y siempre hay alguien dispuesto a pagar por ello*", es el mal mayor de la clase política, cuando sin reparos se vende el alma al Diablo para alcanzar los propósitos de *poder* y *enriquecimiento ilícito.* El destape de colosales *nichos de corrupción* como retaliación política demuestra la magnitud del fenómeno que se oculta tras las cortinas de la "democracia".

g) El culto a la personalidad.

Considerar al líder político como un poderoso guía espiritual, insustituible e infalible, dueño de la verdad absoluta y de capacidad divina para movilizar cielo y tierra en pos de sus intenciones, elimina por completo el ejercicio de la *crítica constructiva y la reflexión colectiva* para la detección de errores y el perfeccionamiento de la obra colectiva emprendida. Hay líderes que fomentan semejante culto, y otros que dicen oponerse a él, pero que en la práctica lo consienten y estimulan, pues no hay fuerza más cautivadora para la autocomplacencia que la vanidad personal.

h) El efecto rebote.

Es una consecuencia del *culto a la personalidad,* cuando ante un fracaso evidente es inevitable señalar culpable, que en ningún caso podrá ser el infalible líder máximo, aunque nada pueda realizarse sin su conocimiento y aprobación, por lo que el rebote de la culpa encontrará otros responsables, "chivos expiatorios que pagarán los platos rotos", práctica con la cual los caudillos acostumbran a deshacerse de acólitos que lleguen a molestarles por sus hechos y opiniones.

i)   El efecto fusible.

Los líderes saben cómo cuidarse de las adversidades, y suelen situar en las posiciones más riesgosas a seguidores incondicionales, dispuestos a inmolarse para protegerles. Como un fusible, que salta ante una sobrecarga eléctrica para que no se dañe un equipo, tales acólitos se inmolan políticamente –y en ocasiones incluso de forma trágica, vital- para que las sobrecargas sociales no lleguen a lastimar al líder.

j)   El "nosotros" contra el "yo"

Reducir la trascendencia del *individuo*, y suplantarla por una artificial supremacía de la *colectividad*, es una estrategia que pretende anular la *condición humana* y reducir la voluntad de las personas a simples piezas en el engranaje social, de modo que las *necesidades humanas* individuales puedan ser suplantadas por metas colectivas, anunciadas como panaceas al servicio de todos, pero que sólo el líder y sus cercanos podrán disfrutar.

k)   El "mañana" contra el "hoy".

Por el estilo, proclamar que las promesas anunciadas serán realidad en el futuro, pero de ningún modo en un presente de absoluto sacrificio, reduce a cero las ansias de satisfacción de *necesidades humanas* inmediatas y cotidianas, con la consigna de que "*todo tiempo futuro será mejor*". Se desconoce así que sólo viviendo a plenitud el presente se podrá edificar un futuro satisfactorio.

l) La manipulación de la historia.

La historia de una nación es el mayor bien compartido por sus pobladores, de donde tomar ejemplos paradigmáticos de dignidad, patriotismo y soberanía. Los líderes acostumbran a exaltar la historia nacional, pero con el hábito de manipular dichos y hechos, ocultando unos y difundiendo otros, a fin de que justifiquen y enriquezcan la imagen de sí mismos que necesitan construir ante los ojos de los ciudadanos.

m) Conmigo o contra mí.

Esta sentencia lleva a extremos peligrosos y amenazantes la *intolerancia* y la *intransigencia*, cuando el líder califica como enemigos a todos cuantos no compartan sus ideas, y los trata en consecuencia como tales, con el rigor que le permitan las leyes que él mismo promueve. Crear enemigos en todos lados es una estrategia que generalmente se emplea para justificar los errores personales y manipular demagógicamente a los seguidores. La concepción de la nación como una "fortaleza sitiada" justifica todos los extremos políticos asumidos supuestamente para defenderla...

n) El infierno sin mí.

Como resultado de lo anterior, el líder se vale de múltiples recursos oratorios y subliminales para sembrar en los ciudadanos la certeza de que, "*si ahora las cosas van mal, sin mí estarán peor*". De modo que cualquier pretensión de sustituirlo se verá ensombrecida por la amenaza del infierno sin su presencia. Es el supremo salvador, el designado por el destino, o la divinidad, para conducir a la nación hacia metas superiores, lo que sin él sería imposible. Semejante prédica convirtió a Adolfo Hitler en *führer* de Alemania, y con él, en un verdadero infierno al planeta Tierra, incluyendo a su país.

o) Último recurso: la dictadura.

Cuando la *demagogia*, la *doble moral*, el *dogmatismo*, la *intransigencia*, y otros *males políticos* están a punto de fallar, y las pretensiones del líder parecen sucumbir frente a las presiones opositoras, le queda un último recurso: erigirse en *dictador*, quitarse finalmente la careta de "democracia" y mostrarse en su verdadera esencia, asaltando y tomando el *poder* por la vía a su alcance: militar o legislativamente. Pero, con eso, estará más cerca de su definitivo fin...

El líder –incluso un *dictador*- por sí solo no puede regir a una nación entera. Aun los más poderosos necesitan de estructuras de *poder* que les permitan aplicar su voluntad a escala social. En los primeros tiempos de la civilización humana, cuando caudillos militares imponían su fuerza y habilidad para erigirse en mandatarios, era más probable la *práctica autocrática de gobierno,* pero con el incremento de la complejidad en el funcionamiento social se fue requiriendo de órganos colegiados para ejercer el *poder* en diversas esferas –política, económica, militar-. Así surgieron conceptos como los de *plutocracia* (gobierno en manos de los más ricos) y *democracia* (gobierno en manos del pueblo).

La categoría *Estado* surge, en consecuencia, como la entidad que dirige y representa a una nación y a sus pobladores. Y la de *Gobierno*, como la institución encargada de la administración del *Estado*, integrada por líderes y funcionarios públicos. Por ser concentrador y ejecutor del *poder* en la *sociedad*, el *Gobierno* se constituye en la meta de ambiciones de mando por parte de quienes participan en el juego político. Es la cúspide en la pirámide del *sistema de poder* que conforma la *sociedad*, donde las fuerzas en pugna pretenden llegar de diversas formas, legales o irregulares. Y una vez que están allí, procurarán mantenerse a cualquier precio.

La razón de los conflictos sociales radica en las relaciones entre un *Gobierno* y la población a él subordinado, cuando la gestión de aquel no responde, o es contraria, a las necesidades de esta, dándose entonces las condiciones para acciones dirigidas a cambiarlo, bien por las vías establecidas constitucionalmente (elecciones, referéndums...), o en situaciones extremas mediante estallidos de *violencia*.

La prédica política siempre ha tenido como fundamental argumento la valoración de tales relaciones entre *Gobierno* y población, con el fin de justificar teóricamente las acciones que puedan desencadenarse, y en grado máximo si el *Gobierno* adoptó la forma cruenta de una *dictadura*. De la historia de Cuba he tomado un paradigmático ejemplo, el de un sacerdote devenido en pensador revolucionario, que en el siglo XVIII levantó su voz para justificar el derecho de los criollos en la isla antillana a oponerse a la dictatorial dominación colonial española. Fue Félix Varela Morales[7], al decir de otro insigne pensador cubano, José de la Luz y Caballero, *"el primero que nos enseñó a pensar"*.

El hombre tiene derechos imprescriptibles de que no puede privarle la nación, sin ser tan inicua como el tirano más horrible. Mas, ¿cuál es esta libertad? Montesquieu la había definido como el derecho de hacer todo lo que las leyes permiten. En esta definición se expresa lo que no puede hacer el ciudadano, pero no lo que no pueden mandar las leyes; y si estas, por el influjo de los gobernantes, llegan a multiplicarse y atacar los derechos de los ciudadanos, queda destruida la libertad nacional e individual de un modo el más sensible, pues se obliga al pueblo, como soberano, a que ejerza su tiranía sobre él mismo, como un esclavo sin recursos para evitar este mal, pues sus representantes se garantizan con la misma soberanía, y el pueblo no se

---

[7] **Félix Varela Morales**: *"Obras completas"*. Editorial de Ciencias Sociales. La Habana, 1977.

atreve a contrariar unas leyes que él mismo ha autorizado.

Es preciso no perder de vista que una cosa es soberanía y otra, gobierno; aquella resulta de la voluntad general que forma el primer poder inseparable de la nación; mas el gobierno es un mero ejecutor de la voluntad general, y solo consiste en una o muchas personas que merecen la confianza pública y están autorizadas para juzgar según las leyes y dictar otras nuevas cuando la necesidad lo exija, pero siempre conformándose a la justicia. Una sociedad en que los derechos individuales son respetados, es una sociedad de hombres libres, y esta, ¿de quién podrá ser esclava, teniendo en sí una fuerza moral irresistible, por la unidad de opinión, y una fuerza física, no menos formidable, por el denuedo que cada uno de sus miembros le presta a la defensa de la patria. La independencia y la libertad nacional son hijas de la libertad individual.

Sería imposible demostrar que un pueblo está obligado a sacrificarse por ser fiel a su 'legítimo señor', cuando este le abandona o no puede favorecerle, y cuando ni él ni su amo (si es que los pueblos tienen amo) sacan ninguna ventaja de semejante sacrificio, sino el placer de que diga un rey: se sacrificó todo un pueblo para que yo fuese su amo; ya no existe para mí, pero tampoco existe para otros ni para sí mismo. De sus moradores, unos perecieron en la guerra, otros han buscado su seguridad en la fuga, y el resto llora sobre los sepulcros de los que amaba, suspira por los que se le han alejado, contempla las ruinas de toda su fortuna, pero al final está cubierto de la gloria de la fidelidad...

Es tan frecuente entre los hombres encubrir cada una de sus verdaderas intenciones y carácter, que la persuasión general de que esto sucede parece que debía ser un preservativo para evitar muchos engaños en el trato humano; pero desgraciadamente hay ciertos medios que sin embargo de ser bien conocidos producen siempre efecto, cuando se saben emplear. Yo llamo a estos medios 'máscaras políticas', porque efectivamente encubren al hombre en la sociedad, y le presentan con un semblante político muy distinto al que realmente tendría si se manifestase abiertamente. Siempre abundan estos enmascarados, porque siempre hay hombres infames, para quienes las voces patria y virtud nada significan, pero en los cambios políticos es cuando más se presentan, porque entonces hay más proporción para sus especulaciones. Nada hay más fácil que conocerlos si se tiene alguna práctica en observar a los hombres. Esta es la que yo recomiendo a la juventud para quien principalmente escribo.

La *dictadura* siempre es una forma de opresión de una clase social por otra, y como tal se fundamenta en el ejercicio de la *violencia* como forma universal de *poder*, por lo que provocará reacciones violentas en su contra. Así lo afirmó Víctor Hugo: "*Cuando la dictadura es un hecho, la revolución se vuelve un derecho*".

¿De qué se compone un motín? De una electricidad que se desarrolla poco a poco, de una llama que se forma súbitamente, de una fuerza vaga, de un soplo que pasa. Este soplo encuentra cabezas que hablan, cerebros que piensan, almas que padecen, pasiones que arden, miserias que se lamentan, y arrastra todo. ¿Adónde? Al acaso. A través del Estado, a través de las leyes, a través de la prosperidad y de la insolencia de los demás. La convicción irritada, el entusiasmo frustrado, la indignación conmovida, el instinto de guerra reprimido, el valor de la juventud exaltada, la ceguera generosa, la curiosidad, el placer de la novedad, la sed de lo inesperado, los odios vagos, los rencores, las contrariedades, la vanidad, el malestar, las ambiciones, la ilusión de que un derrumbamiento lleve a una salida; y en fin, en lo más bajo, la turba, ese lodo que se convierte en fuego: tales son los elementos del motín.[8]

---

[8] **Víctor Hugo**: "*Los miserables*". Recuperado de http://web.seducoahuila.gob.mx/biblioweb/upload/V%C3%ADct or%20Hugo%20-%20Los%20miserables.pdf

5/ RUSIA: LA DICTADURA DEL PROLETARIADO

Para Carlos Marx y Federico Engels, autores del "*Manifiesto Comunista*", la **revolución proletaria** que sustituiría al *Capitalismo* tendría que ser un fenómeno global, ocurrir paralelamente en los países con economía desarrollada, de todo el mundo.

Después de algunas décadas, la historia de la industria y del comercio no es sino la historia de la rebelión de las fuerzas productivas contra las relaciones de propiedad que condicionan la existencia de la burguesía y su dominación. Basta mencionar las crisis comerciales, que por su retorno periódico ponen cada vez más en entredicho la existencia de la sociedad burguesa. Cada crisis destruye regularmente, no sólo una masa de productos ya creados, sino, todavía más, una gran parte de las mismas fuerzas productivas. Una epidemia que en cualquier otra época hubiera parecido una paradoja, se extiende sobre la sociedad: la epidemia de la superproducción. La sociedad se encuentra súbitamente rechazada a un estado de barbarie momentáneo; diríase que un hambre, una guerra de exterminio, la priva de todos sus medios de subsistencia; la industria y el comercio parecen aniquilados. ¿Y por qué? Porque la sociedad tiene demasiada civilización, demasiados medios de subsistencia, demasiada industria, demasiado comercio. Las fuerzas productivas de que dispone no favorecen ya el desarrollo de la propiedad burguesa; al contrario, han resultado tan poderosas, que constituyen de hecho un obstáculo, y cada vez que las fuerzas productivas sociales salvan este obstáculo precipitan en el desorden a la sociedad entera y amenazan la existencia de la propiedad burguesa. El sistema burgués resulta demasiado estrecho para contener las riquezas creadas en su seno. ¿Cómo supera estas crisis la burguesía? De una parte, por la destrucción violenta de una masa de fuerzas productivas; de otra, por la conquista de nuevos mercados y la explotación más intensa de los antiguos. ¿A qué conduce esto? A preparar crisis más generales y más formidables y a disminuir los medios de prevenirlas. Las armas de que se sirvió la burguesía para derribar al feudalismo se vuelven ahora contra ella. Pero la burguesía no ha forjado solamente las armas que deben darle muerte; ha producido también los hombres que manejan esas armas: los obreros modernos, los proletarios. Con el desenvolvimiento de la burguesía, es decir, del capital, se desarrolla el proletariado, la clase de los obreros modernos, que no viven sino a condición de encontrar trabajo y que no lo encuentran si su trabajo no acrecienta el capital (…) La organización del proletariado en clase y, por lo tanto, en partido político, es sin cesar destruida por la competencia que se hacen los obreros entre sí. Pero renace siempre, y siempre más fuerte, más firme, más formidable (…)

La acción común de los diferentes proletariados, al menos en los países civilizados, es una de las primeras condiciones de su emancipación. Abolid la explotación del hombre por el hombre y habréis abolido la explotación de una nación por otra (…) Los comunistas no se cuidan de disimular sus opiniones y sus proyectos. Proclaman abiertamente que sus propósitos no pueden ser alcanzados sino por el derrumbamiento violento de todo el orden social tradicional. ¡Que las clases directoras tiemblen ante la idea de una revolución comunista! Los proletarios no pueden perder más que sus cadenas. Tienen, en cambio, un mundo por ganar. ¡Proletarios de todos los países, uníos![9]

Pero, después de varias intentonas fallidas, como la de los *comuneros de París* en 1871, parecería como si la revolución mundial proclamada en el *"Manifiesto Comunista"* jamás ocurriría.

---

[9] **Carlos Marx, Federico Engels**. *"Manifiesto Comunista"*, 1848. Recuperado de: https://sociologia1unpsjb.files.wordpress.com/2008/03/marx-manifiesto-comunista.pdf

La debacle humana y económica causada en Europa por la **Primera Guerra Mundial** (1914-1918) fue causa de movimientos sociales contra los gobiernos capitalistas en países involucrados en el conflicto. En el plano ideológico revivió las ideas revolucionarias entre las masas humildes y trabajadoras, a las que tocó la peor parte en la guerra, sirviendo de "carne de cañón" en cruentas batallas comandadas por arrogantes –y en muchas ocasiones ineptos- oficiales de origen burgués. Además de la propia Alemania, uno de los principales emporios de tales corrientes fue el Imperio ruso, gran nación asiático-europea sometida a un arcaico régimen feudal bajo el mandato del Zar.

Rusia en el tránsito del siglo XIX al XX era un país sumido en el mayor atraso tecnológico y desigualdades sociales, consecuencia de una economía básicamente agraria, regida por grandes terratenientes en su extenso territorio, donde el campesinado existía en condiciones próximas a la *esclavitud*. El potencial industrial de la nación, concentrado en sus grandes ciudades, como Moscú y San Petersburgo, distaba mucho del auge tecnológico moderno alcanzado ya en metrópolis capitalistas del occidente europeo. Bajo las crudas condiciones climáticas de inviernos extremos y deshielos destructores, las vulnerables y casi inexistentes rutas de comunicación a través de su extensa geografía condenaban al aislamiento a sus núcleos poblacionales. Pero, a pesar de su atraso económico y social, Rusia controlaba un gran imperio, sometiendo a poblaciones vecinas en la multiplicidad étnica en torno al Mar Negro y hasta Siberia.

Como caudillo imperial, el zar ruso Nicolás II, ascendido al trono en 1894, en 1905 se había enfrascado en una guerra contra Japón, donde Rusia perdió el 70% de su flota naval. Masas populares descontentas por la tragedia bélica marcharon en San Petersburgo hacia el *Palacio de Invierno*, sede del Gobierno, y fueron recibidas con descargas de fusilería, hecho que alimentó las chispas de la insurrección proclamada por movimientos políticos como los *social-revolucionarios*, *mencheviques* y *bolcheviques*, así como llevó a extremos represivos, dictatoriales, la acción gubernamental. Una gran huelga paralizó la industria local, instigada por los líderes de izquierda (*bolcheviques*) Lev Davídovich Bronstein, más conocido como *Trotski*, y Vladimir Ilich Ulianov, cuyo sobrenombre era *Lenin*.

Un período de confrontación callejera en las principales ciudades enfrentó al Gobierno zarista, declaradamente dictatorial, con las fuerzas populares, configurando un panorama de inestabilidad política como precursor de un estallido revolucionario, lo cual se agudizó cuando, en agosto de 1914, el Zar decretó la movilización militar contra Alemania, lo que incorporó a Rusia en la Primera Guerra Mundial. El ejército imperial ruso tuvo grandes éxitos iniciales en territorio austríaco; sin embargo, el intento de avanzar sobre territorio alemán en dos frentes condujo a graves derrotas, con la pérdida de más de dos millones de hombres, y para 1915 ya estaba en retirada.

Las sucesivas derrotas rusas en la Primera Guerra Mundial fueron una de las causas de la *Revolución de febrero de 1917* en Rusia. A partir de enero de ese año la situación interna, empeorada por el curso desfavorable de la guerra con Alemania y las instigaciones revolucionarias, hicieron que el *Parlamento ruso* (Duma) cediera a la presión popular y se formara un *Gobierno provisional de tipo burgués*, liderado por Aleksandr Kérenski, ante el cual el último Zar ruso, Nicolás II, abdicó. Pero, estos acontecimientos no satisfarían a los sectores más extremistas de la oposición, representados por los bolcheviques bajo el mando de *Lenin*.

Vladimir Ilich Ulianov nació en el seno de una familia de clase media y en ascenso hacia una condición de "pequeña nobleza" existente en la sociedad imperial rusa de la época. Desde joven militó en la izquierda política revolucionaria, siendo arrestado y exiliado en Siberia, período en que su hermano mayor, Aleksandr, fue fusilado por participar en un complot para asesinar al Zar. Luego se exilió en varios países de Europa occidental, donde se forjó como teórico del marxismo. En 1903 encabezó la facción *bolchevique* (de mayoría) al fragmentarse el *Partido Obrero Socialdemócrata Ruso* (POSDR), regresando a San Petersburgo cuando los sucesos de 1905, y viviendo etapas de clandestinidad en la conducción del partido. En 1914 empezó una campaña para transformar la Primera Guerra Mundial en una revolución de todo el proletariado en Europa, siguiendo la prédica de Marx, de la insurrección simultánea en varios países.

Pero, luego su estrategia cambió, bajo la tesis de que la *revolución proletaria* no tenía por qué ocurrir simultáneamente en el mundo, sino que podía darse en aquel país considerado en cierto momento como "*el eslabón más débil de la cadena capitalista*". Dada la realidad en la Rusia de esos tiempos, *Lenin* concluyó que el viejo imperio era justamente tal eslabón, y se empeñó en dar allí el primer gran golpe de gracia a la burguesía. Para eso perfeccionó su labor de líder político: creó un vehículo de información y formación –el periódico "*Iskra*" (chispa)-, fundó órganos de acción revolucionaria –*soviets* (consejos populares)- en todos los estamentos, civiles y militares, de la sociedad rusa, configuró una estrategia para la toma del poder político mediante la acción armada, y dotó a sus seguidores con una convincente teoría, con documentos como "*Tesis de abril*" y "*El Estado y la revolución*". En la primera expone sus propuestas radicales en respuesta a la instauración del régimen burgués de Kérenski tras los hechos de febrero de 1917:[10]

- Rechazo de la guerra imperialista, sometida a los intereses del capital. Estos mismos intereses hacen imposible una paz

---

[10] **Vladimir Ilich Lenin**: "*Tesis de abril*". Recuperado de: https://www.marxists.org/espanol/lenin/obras/1910s/abril.htm

que sea realmente democrática, no impuesta por la fuerza, y sin anexiones.

- En Rusia se ha de pasar de la primera etapa de la revolución (que da el poder a la burguesía) a la segunda, que debe poner ese poder en manos del proletariado y de los campesinos pobres.
- Desenmascarar al Gobierno Provisional como gobierno de capitalistas, y negarles todo apoyo.
- Reconocimiento de que el Partido se encuentra en minoría en los sóviets. Necesidad por tanto de explicar y difundir sus posturas, desde una minoría crítica.
- Reivindicación no de una república parlamentaria, sino de una república de los soviets, dentro de la cual se supriman policía, ejército y burocracia, sin que la remuneración de todos los funcionarios exceda nunca el sueldo de un obrero cualificado.
- Reforma agraria. Confiscación de las tierras de los terratenientes. Nacionalización de todas las tierras, que se pondrán a disposición de los soviets locales.
- Fusión de los bancos en un banco único bajo el control de los soviets.
- Prioridad del control democrático de la producción y distribución por parte de los sóviets, antes que "implantación" inmediata del socialismo.
- Como tareas del Partido: (1) Celebración de un nuevo Congreso. (2) Modificación del programa en relación con la

posición ante el imperialismo y ante el Estado, y reforma del programa mínimo. (3) Cambio de denominación del Partido, que ha de pasar de "Socialdemócrata" a "*Comunista*".

En cuanto a "*El Estado y la revolución*", libro escrito por *Lenin* entre agosto y septiembre de 1917, mientras se encontraba en la clandestinidad en Finlandia, en él explica que el *Estado* constituye el instrumento para la dominación de una clase sobre otra, y cómo la toma violenta de la maquinaria estatal burguesa conduce a la *dictadura del proletariado* o *socialismo*, un *Estado* que ejerce una dominación de clase, sólo que en este caso quien manda es la masa mayoritaria del pueblo, siendo, por tanto, una "dictadura" más democrática y además transitoria, porque el *proletariado* no busca sostener su situación de dominio, sino hacer desaparecer los antagonismos de clase, en un proceso con dos fases para la eliminación total del *Estado* y la implantación del **Comunismo**:[11]

> La sustitución del Estado burgués por el Estado proletario es imposible sin una revolución violenta. La supresión del Estado proletario, es decir, la supresión de todo Estado, sólo es posible mediante un proceso de "extinción".

---

[11] **Vladimir Ilich Lenin**: "*El Estado y la revolución*". https://es.wikipedia.org/wiki/El_Estado_y_la_revoluci%C3%B3n

Considerando ya existentes las condiciones para la acción, *Lenin* decide abandonar su refugio finlandés y a inicios de octubre de 1917 ingresa clandestinamente en San Petersburgo, entonces capital de Rusia. La dirección revolucionaria acuerda desencadenar las acciones en ocasión del *Segundo Congreso de los Sóviets*, que debía celebrarse dos semanas más tarde. Así, el 25 de octubre (7 de noviembre, según el calendario gregoriano entonces vigente en Rusia), bajo la consigna de *"¡Todo el poder para los soviets!"*, se desencadena la insurrección con el asalto al *Palacio de Invierno*, contando con el apoyo de la artillería del crucero *"Aurora"* desde el río Neva. En toda la ciudad, y en otras partes del país, los destacamentos de militares, obreros y campesinos revolucionarios, ponen fin al régimen burgués de Kérenski, iniciando la primera *"dictadura del proletariado"* en la historia de la Humanidad.

Pero, en 1991 –setenta y cuatro años después de aquella gesta- la **Unión de Repúblicas Socialistas Soviéticas** (URSS), nación surgida de las ruinas de la Rusia zarista, se derrumbó, iniciándose una tendencia de retorno al *capitalismo*, que se extiende hasta nuestros días. Procuraré resumir ese proceso...

La teoría marxista sobre la *revolución mundial*, simultáneamente en las naciones más desarrolladas, tenía como correlato la certeza de que cualquier empeño aislado por sustituir al viejo régimen social sería muy vulnerable frente al cerco de las restantes potencias capitalistas, empeñadas en aniquilarlo. Inmediatamente tras su creación, el primer **Estado de obreros y campesinos** en la historia sufrió las acciones armadas de los denominados "*guardias blancos*" (en oposición al Ejército Rojo, *bolchevique*), fuerzas creadas por los terratenientes y militares desplazados, apoyados logísticamente y con la intervención militar directa de Inglaterra, Estados Unidos, Japón y Francia, principalmente, sumiendo a la nación en una cruenta guerra civil entre 1917 y 1923.

El joven *Estado* estuvo a punto de sucumbir ante la embestida de fuerzas contrarrevolucionarias desde el este, el sur y el oeste, hasta que, en 1918, retirándose de la Gran Guerra con la firma del tratado de Brest-Litovsk, que le representó la pérdida de grandes territorios en su frontera occidental, y la reorganización del *Ejército Rojo de Obreros y Campesinos*, a fin de profesionalizar sus fuerzas, se logró revertir la situación. Las ventajas más importantes del *Ejército Rojo* sobre el *Ejército Blanco* eran la disciplina y unidad de liderazgo. Mientras que *Lenin* era el líder indiscutido del *partido bolchevique, Trotski* era el brillante organizador militar, dirigiendo las acciones en los frentes de batalla como Comisario de Guerra.

Al terminar la Guerra Civil el saldo fue la pérdida de alrededor de nueve millones de vidas humanas, y una desastrosa situación económica y social al descender los niveles productivos en la agricultura y la industria. El establecimiento del denominado *"comunismo de guerra"*, para asegurar el abastecimiento logístico a las tropas, llevó la hambruna a la población civil. Alcanzada la paz, ante el gobierno de los *soviets* surgió la urgencia de tomar medidas drásticas para asegurar la supervivencia y el desarrollo de la nación.

En el plano económico se llevó a cabo un acelerado proceso de desmontaje del sistema capitalista, que por las características del país tenía su mayor exponente en los terratenientes, con acciones como la socialización forzosa de la agricultura, que atacó a la propiedad privada en el campo, así como la aplicación de la **Nueva Política Económica** (NEP), denominada por *Lenin* como *"capitalismo de Estado"*, vigente hasta 1928, cuando fue reemplazada por el primer *Plan quinquenal,* bajo el régimen de *Stalin.*

En el plano político, ante su soledad como sistema en el contexto global, se intensificó el propósito de organizar y conducir al movimiento comunista a nivel mundial con la creación, en 1919, de la **Internacional Comunista** (*III Internacional*), que agrupaba a partidos comunistas de distintos países, y cuyo objetivo era luchar por la supresión del sistema capitalista, el establecimiento de la *dictadura del proletariado* y de la *República Internacional de los Soviets*, como fijaba en sus estatutos, emprendiéndose una abierta injerencia en la vida política de las naciones, que sería motivo de permanentes críticas y ataques al régimen soviético.

En el plano institucional, en diciembre de 1922 se fundó la *Unión de Repúblicas Socialistas Soviéticas* (URSS), con la fusión de Rusia, Transcaucasia, Ucrania y Bielorrusia, como repúblicas federativas, en un solo *Estado* bajo la dirección del *Partido Comunista*. De tal modo, el nuevo régimen de obreros y campesinos mantuvo intacta la relación de dominación del imperio ruso sobre sus anteriores territorios, en los que más adelante surgirían movimientos nacionalistas.

En medio de semejante proceso ocurre la muerte de Vladimir Ilich *Lenin*, en 1924, y asciende al poder Iosif *Stalin*, implantando un régimen de "*terror revolucionario*" basado en el culto a la personalidad, que provocó el encarcelamiento y muerte de muchas figuras militares y políticas, entre ellas Lev *Trotski*, asesinado durante su exilio en México. *Stalin* implementó la organización de la vida económica y social del país mediante *planes quinquenales de desarrollo*, aprovechando las grandes fuentes de recursos naturales del territorio, para impulsar la industrialización a gran escala. Así el viejo imperio feudal, terrateniente, se transformó, en pocos años, en nación industrializada bajo la dirección centralizada del *Estado*, lo cual eliminó la competencia como estímulo de la calidad.

El régimen soviético se vio sometido nuevamente a una colosal prueba de fuego cuando, en junio de 1941, la Alemania hitleriana desencadenó el plan *"Barbarroja"*, invadiendo al país con poderosas fuerzas terrestres y aéreas en el contexto de la **Segunda Guerra Mundial**, iniciándose lo que se conoce como la "**Gran guerra patria del pueblo soviético**", que concluiría en 1945 con la derrota del fascismo alemán y sus aliados tras grandes batallas defensivas en Moscú, Leningrado y Stalingrado, ofensivas como las del Volga, Kursk y Vístula-Oder, y finalmente el asalto y toma de Berlín. Al precio de unos 27 millones de vidas, la URSS emergió de la guerra convertida en potencia militar, y logró consolidar su *esfera de influencia* a países este-europeos ocupados por sus ejércitos en campaña contra los alemanes (Polonia, Checoslovaquia, Hungría, Bulgaria, Rumania, Yugoslavia, Alemania oriental). En el denominado *"bloque soviético"* se implantaron gobiernos comunistas, y el planeta quedó dividido en dos poderes antagónicos (*capitalismo* y *socialismo*), que lo pondría al borde de nuevas conflagraciones bélicas y generaría otra forma de enfrentamiento: la "**Guerra fría**".

Pero, al margen de la tirantez y el enfrentamiento diplomático en la arena internacional, la polarización de naciones y movimientos sociales, el estallido de conflictos regionales y locales auspiciados por uno u otro bando, las crisis extremas bajo la amenaza de las armas nucleares, la *"Guerra fría"* fue sobre todo un escenario de confrontación económica y tecnológica entre las dos grandes potencias mundiales: **Estados Unidos** y la **Unión Soviética**, empeñada cada una en demostrar la superioridad de su sistema político. Cuarenta y seis años después de la terminación de la *Segunda Guerra Mundial*, y setenta y cuatro de la instauración de la *dictadura del proletariado* en Rusia, la real confrontación de la *"Guerra fría"* terminó con la victoria del sistema capitalista, cuando el 8 de diciembre de 1991 los presidentes de las *repúblicas federativas soviéticas de Rusia, Ucrania y Bielorrusia* firmaron el *Tratado de Belavezha,* que declaró oficialmente disuelta a la *Unión Soviética* y el establecimiento de la *Comunidad de Estados Independientes* (CEI), en su lugar.

En este acontecimiento, además de las causas económicas, sociales y políticas, fue determinante el *papel de la personalidad en la historia*, con la figura de quien fuera joven Secretario General del Partido Comunista de la URSS, en sustitución de los ya caducos miembros de la gerontocracia partidista, Mijaíl Gorbachov, quien inició un período de transición del viejo régimen a uno renovado bajo los principios de la denominada *perestroika*, con una apertura a la información y la libertad de expresión, conocida como *glasnost*. Gorbachov también procuró poner fin a la *"Guerra fría"*. En la década de los 80 la *Unión Soviética* abandonó sus nueve años de intervención militar en Afganistán y retiró el apoyo militar a los antiguos *Estados* este-europeos bajo su *esfera de influencia*, lo que provocó la caída de varios gobiernos comunistas ante las ansias populares de democratización y nacionalismo. Finalmente, con el derribo del paradigmático *"Muro de Berlín"* y con ambas

Alemania (Oriental y Occidental) persiguiendo la unificación, el llamado *"telón de hierro"* se derrumbó. Tras la renuncia de Gorbachov a su cargo de *Presidente*, entregándolo al entonces mandatario de Rusia, Boris Yeltsin, la *Unión Soviética* dejó de existir oficialmente el 25 de diciembre de 1991.

Tanto en la antigua URSS, como en las naciones antes integrantes del *bloque soviético*, y reorganizadas como países independientes, se iniciaron políticas de transición y retorno al *capitalismo*, que incluyeron un acercamiento rápido al bloque occidental encabezado por Estados Unidos, con lo que el panorama geopolítico del planeta dio un giro hacia la unipolaridad. De modo que se produjo un retroceso en el decursar de la historia, inesperado, pero no injustificado. Pese a sus logros en la carrera espacial, siendo la primera nación en enviar a un ser humano al espacio cósmico, la situación económica de la URSS estaba en desventaja frente a su rival por excelencia, los Estados Unidos de América. Habiéndose implantado el *sistema socialista de propiedad estatal sobre todos los medios de producción*, se eliminó uno de los resortes más efectivos en la lucha por la calidad productiva: la *libre competencia en el escenario del mercado*.

Empeñado en una inevitable lucha por la supervivencia, tras las experiencias de la *Guerra civil* y la invasión nazi en la *Segunda Guerra Mundial*, el Gobierno soviético puso el énfasis en la carrera armamentista, procurando una paridad con sus adversarios de la OTAN, lo cual conllevó a un abandono significativo de las industrias básica y ligera, que sin posibilidades de perfeccionar sus productos perdieron competitividad en el mercado nacional e internacional. Esto se vio reflejado de forma significativa en la esfera de las comunicaciones y la informatización, donde la URSS quedó a la zaga frente a los ingenios computacionales creados en emporios de conocimientos, como *Silicon Valley*.

Al calor de la revisión histórica, se puede afirmar que la Rusia zarista no estaba aún preparada para el salto cualitativo que representó la insurrección de octubre de 1917. El *capitalismo* sólo empezaba a despuntar en la tierra de los zares, y aunque ciertamente era entonces *el eslabón más débil de la cadena capitalista*, como anunció *Lenin*, no estaban dadas aún allí las condiciones para semejante experimento. Sin el agotamiento de las posibilidades del *capitalismo*, una sociedad no puede dar el salto hacia un nuevo modo de producción, *socialista*.

En la actualidad, Rusia está recorriendo un sendero de reconstrucción económica y social con herramientas de la *sociedad de mercado*, logrando, en diversas esferas, sobre todo la militar, que el planeta alcance la necesaria *bipolaridad*. Según su actual líder, Vladimir Putin: "*La caída de la Unión Soviética ha sido la mayor catástrofe geopolítica del siglo XX*".

6/ CUBA: LOS BARBUDOS DE FIDEL

Nació en el seno de una familia adinerada, el 13 de agosto de 1926. Su padre, de origen gallego, fue un rico terrateniente en tierras del nororiente cubano. Estudió en colegios religiosos destinados a la burguesía, así como, finalmente, concluyó la abogacía en la Universidad de La Habana. En sus años estudiantiles se destacó como dirigente juvenil, opuesto a la explotación capitalista que había conocido desde la infancia en el feudo familiar, lo que lo llevó a militar en agrupaciones al servicio de la clase obrera y a emprender aventuras políticas en otras tierras latinoamericanas. Así, organizó una expedición armada contra la dictadura de Rafael Leónidas Trujillo en Santo Domingo, que fracasó al intentarse la travesía marítima. También viajó a Colombia para entrevistarse con el líder del Partido Liberal Jorge Eliécer Gaitán, estando presente cuando el "*bogotazo*", motín popular consecuencia del asesinato de este el 9 de abril de 1948. Evidentemente, era un joven revoltoso...

Y para que un revoltoso se convierta en revolucionario sólo hace falta una causa política que lo entusiasme y justifique sus acciones. Y la encontró cuando el Jefe del Ejército republicano en Cuba, Fulgencio Batista, dio un golpe de estado el 10 de marzo de 1952, para erigirse dictador, frustrando las aspiraciones del pueblo, de promover un gobierno democrático mediante próximas elecciones. Fue entonces Fidel Castro el individuo necesario, en el lugar adecuado y en el momento oportuno. Lo que requería la historia para iniciar una leyenda con dimensiones de epopeya…

La historia de Cuba es la misma que la de todas las naciones latinoamericanas: primero colonias de España tras el descubrimiento del Nuevo Mundo por Cristóbal Colón en 1492. Luego, neo-colonias de Estados Unidos, tras la promulgación, por el Presidente estadounidense James Monroe, en 1823, de la doctrina que lleva su nombre, donde declara: *"América para los americanos"*, con el entendimiento de que *"América"* son todas las naciones latinoamericanas, y *"americanos"* son justamente ellos, los del Norte, marcando el territorio desde el río Bravo hasta la Patagonia como *esfera de influencia* para el pleno ejercicio de su poder imperial.

Quiso la historia que Cuba fuese la última tierra americana en levantarse en armas contra la Corona española. Diversas acciones reformistas en las Cortes ibéricas llevaron a la Isla limosneras concesiones que frenaron el espíritu independentista de los primeros próceres cubanos y auparon el anexionismo, al extremo de que se le concediese el denigrante título de *"Muy noble y muy leal Isla de Cuba"*, por su supuesta fidelidad a la monarquía española.

Cuando en la primera mitad del siglo XIX Simón Bolívar, en el norte, y José de San Martín, en el sur, llevaban a cabo la épica independentista en Sudamérica, el cura Miguel Hidalgo lo hacía en México, y Francisco Morazán en Centroamérica, pensadores ilustres, como el Padre Félix Varela Morales, desde el exilio se empeñaban en fomentar la convicción independentista entre los cubanos. En el periódico "*El Habanero*", fundado en Filadelfia en 1824, escribió: "*Desearía ver a Cuba tan isla en lo político como lo es en la naturaleza, (...) Cuba no debe esperar ya nada de España...ni de nadie, debe liberarse por sí sola*".

Y ciertamente a la Isla no llegó la ola revolucionaria bolivariana, a pesar de que en la voluntad del Gran General estaba el proyecto de combatir por Cuba y Puerto Rico. No fue hasta 1868 cuando en el seno de la clase terrateniente cubana se concretó la voluntad libertaria, en pos no sólo de la independencia nacional, sino además del fin de la esclavitud a que eran inhumanamente sometidos los negros africanos en la Isla. Correspondió a Carlos Manuel de Céspedes, rico hacendado oriental, lanzar el grito de "*¡Viva Cuba libre!*" el 10 de octubre de 1868, iniciando una gesta que duraría 10 años, pero con la que no se alcanzaría la independencia, aunque sí la abolición de la esclavitud.

Sobrevino entonces una "tregua fecunda" de 17 años, entre 1878 y 1895. Fecunda, porque durante ese período brilló la estrella de quien vino al mundo el 28 de enero de 1853, quien finalmente encauzaría las ansias libertarias del pueblo cubano hacia su definitiva culminación, José Julián Martí Pérez.

Nacido en La Habana, de padre militar español, muy temprano en su adolescencia comenzó a actuar en favor de la independencia de Cuba, lo que le valió ser encarcelado y sometido a trabajos forzados. Luego abandonaría la isla e iría a España, donde concluyó estudios universitarios de Jurisprudencia y Letras. Radicado en Estados Unidos (después escribiría al respecto: "*Viví en el monstruo y conozco sus entrañas...*") José Martí descolló como hombre de letras y político, exponiendo ideas avanzadas sobre cómo llevar a cabo la nueva gesta libertaria, destacándose su discurso "*Los pinos nuevos*", en que convocó a la unidad entre los veteranos caudillos del 68-78 y la nueva generación de patriotas, a la cual él pertenecía. Su logro mayor en ese empeño fue la fundación del *Partido Revolucionario Cubano*, como órgano político para la organización de la contienda bélica. Sus escritos y discursos llamando a la unidad por la causa independentista encontrarían oídos receptivos en la emigración cubana radicada en Estados Unidos y en otros países del continente.

José Martí, en su condición de Delegado del Partido Revolucionario Cubano, fue reconocido como líder político de la llamada "guerra necesaria", que tendría al generalísimo Máximo Gómez Báez y al lugarteniente general Antonio Maceo Grajales como jefes militares, ambos los más destacados caudillos de la Guerra de los Diez Años, además de contar con otros veteranos mambises residentes tanto en el exterior como en el interior de Cuba, donde organizaban clandestinamente a las fuerzas independentistas. Se forjó así la llamada "expedición de Fernandina", que en enero de 1895 pretendió llevar a Cuba, desde La Florida, un destacamento armado para reiniciar la guerra, intento que fracasó por una delación. Sin embargo, la llama de la insurrección quedó encendida...

Así, el 24 de febrero de 1895, con el alzamiento en el poblado de Baire, daría inicio la nueva jornada de luchas por la libertad de Cuba. En sendas expediciones navales desembarcarían en playas cubanas Martí y Gómez, así como también Maceo y otros caudillos. Era para el líder patriota la culminación de su misión, al extremo de que, despreciando al peligro, el 19 de mayo de ese año marchó cabalgando al combate, siendo derribado por una bala española que acabó con su valiosa vida. Antes del fatídico suceso había reiterado su vocación antiimperialista en un testamento político: "*Ya estoy todos los días en peligro de dar mi vida por mi país, y por mi deber (...) de impedir a tiempo con la independencia de Cuba que se extiendan por las Antillas los Estados Unidos y caigan, con esa fuerza más, sobre nuestras tierras de América. Cuanto hice hasta hoy, y haré, es para eso. En silencio ha tenido que ser (...), porque hay cosas que para lograrlas han de andar ocultas...*"

La prematura muerte en los campos de batalla de José Martí y Antonio Maceo resultó un duro golpe para la gesta independentista. Desde el "*norte revuelto y brutal*" (como lo calificó Martí) los políticos aguardaban el momento de apoderarse de la deseada Isla. Ya habían adquirido, tiempo atrás, la península de Florida mediante compra a España. Pero Cuba no estuvo nunca en venta, pues la monarquía ibérica apreciaba su destacada posición geográfica. La estrategia que aplicaron entonces fue la de la "fruta madura", proclamada en abril de 1823 por el presidente John Quincy Adams, según la cual "*por las leyes de gravitación política, Cuba, separada de España, tiene que gravitar hacia la Unión americana*".

La gesta insurrecta mambisa puso a las tropas coloniales españolas en la Isla en una situación de inevitable derrota, sobre todo con la exitosa *Campaña Invasora de Oriente a Occidente*, que llevó las batallas hasta las mismas puertas de la ciudad capital. Para el Gobierno norteamericano, los acontecimientos militares, así como la muerte de Martí y Maceo, indicaban llegado el momento de "poner la canasta bajo el árbol y provocar la caída de la fruta dentro de ella". Y para eso se valieron de una estratagema que aceleró los acontecimientos…

El 15 de febrero de 1898 una explosión sacudió el puerto de La Habana, cuando el acorazado norteamericano "*Maine*", de visita oficial en la isla, saltó por los aires con saldo de 254 marineros y dos oficiales muertos. Casualmente, todo el resto de

97

la oficialidad disfrutaba, a esas horas, de un baile en la ciudad, dado en su honor por las autoridades españolas, que negaron toda responsabilidad con el acontecimiento, pero fueron acusadas por la prensa y el Gobierno norteamericano de haber realizado un atentado contra el navío, lo cual se asumió como declaración de guerra.

A todas luces parece absurdo que la monarquía española decidiera embarcarse en una aventura bélica contra Estados Unidos, considerando la debacle económica y militar en que estaba sumida. Ha sido opinión muy extendida entre historiadores cubanos y españoles que la explosión fue provocada por los propios estadounidenses, como excusa para intervenir en una guerra que ya estaba decidida. La "casualidad" de que el alto mando y casi toda la oficialidad del navío estuviese ausente en ese instante, parece corroborar la sospecha de autoagresión. Otros hechos en la historia norteamericana demuestran cómo en función de intereses políticos han sido capaces de atrocidades semejantes (¿remember 11S?).

La *Guerra hispano-americana* (falazmente no se incluyó en su nombre la participación cubana, aunque ya el Ejército mambí era dueño absoluto de los campos de Cuba) fue una contienda breve, dado el desgaste del ejército español, cuyos hechos más notorios ocurrieron en torno a la oriental ciudad de Santiago de Cuba, con acciones terrestres, pero sobre todo con la destrucción de la obsoleta flota española por el acoso y bombardeo de los modernos buques de guerra yanquis. A pesar de que la guerra fue ganada principalmente por la participación de los mambises, el general norteamericano Shafter impidió la entrada de los cubanos en Santiago de Cuba, bajo el pretexto de "posibles represalias". Otro hecho vergonzoso fue que la rendición española, con la firma del Tratado de París el 10 de diciembre de 1898, fue ante el Mando norteamericano, sin intervención de los jefes cubanos, que vieron cómo de tal modo les fue robada su revolución. En consecuencia, Estados Unidos se apoderó de Cuba y otras colonias españolas (Puerto Rico, Filipinas, Guam), aplicando la teoría de "fruta madura".

Hasta 1902 se mantendría la intervención norteamericana en Cuba, año en que asumió la Presidencia un Gobierno nacional presidido por Tomás Estrada Palma. ¿Por qué Estados Unidos no decidió permanecer en Cuba?, tal como lo hizo con Puerto Rico (declarado después "Estado libre asociado"), Filipinas y Guam (donde se mantuvo hasta la Segunda Guerra Mundial). Fue tal vez un error de la política norteamericana. Pero evidentemente prefirió la fórmula del *neocolonialismo*, sustituyendo el control gubernamental por el económico. Con sucesivos gobernantes pro-norteamericanos, exponentes de la burguesía criolla, Cuba se mantuvo, durante décadas bajo la dominación política y económica yanqui, convertida en traspatio de placer, donde disfrutar de paradisíacas playas y casinos, mientras su población estaba sumida en el subdesarrollo y la miseria.

Y así hasta 1952, cuando frente a las elecciones presidenciales un partido político que se proclamaba heredero del *Partido Revolucionario Cubano* creado por Martí, y por tanto se calificaba como *Auténtico*, se mostraba como el favorito del pueblo, con un programa de mejoras sociales –aunque en ningún caso de transformaciones radicales-. La oligarquía criolla sintió temor por eso y, con la anuencia del Gobierno norteamericano, fraguó el asalto al poder mediante un golpe de estado por parte del Jefe del Ejército, el 10 de marzo de ese año, poniendo fin a las expectativas de la población e instaurando una dictadura militar en el país. La hora de Fidel Castro había llegado, y habría luego demasiados motivos para que los oligarcas se arrepintiesen de haberle dado esa oportunidad…

Con apenas 27 años de edad, el carismático líder emprendió su cruzada hacia el poder político, motivado por el enfrentamiento a la dictadura de Batista. Creó un movimiento de jóvenes iluminados por sus ideas, llamado *Generación del Centenario*, precisamente porque su primera gran muestra de organización y empuje ocurrió el 28 de enero de 1953, en homenaje a los 100 años del natalicio de José Martí, con una *"marcha con antorchas"* (al estilo de las protagonizadas años atrás por los "camisas pardas" hitlerianos) desde la Universidad de La Habana y por diversas calles de la ciudad.

Pero su mayor jugada se fraguaba, no a la luz de las antorchas, sino en las sombras. Con la tenacidad de un predestinado, seleccionó, organizó y entrenó militarmente a un decidido grupo de jóvenes de su movimiento, para llevar a cabo una acción que estremecería los cimientos de la sociedad cubana y marcaría el inicio de una nueva etapa en la historia continental: el asalto al cuartel "*Moncada*", la segunda fortaleza militar de la isla, radicada en Santiago de Cuba.

Fue la madrugada del 26 de julio de 1953 cuando, en medio de sus tradicionales festejos carnavalescos, la ciudad que aportó el mayor número de generales a las guerras de independencia despertó bajo el fragor de la batalla. Un centenar de jóvenes, armados con fusiles de bajo calibre, atacaron la fortaleza militar, bajo el plan elaborado por Fidel de capturar armamento de guerra con que llamar a la población al combate contra la dictadura batistiana. La acción militar fracasó por la superioridad numérica y militar de los acuartelados, al perderse el factor sorpresa. Muchos de los jóvenes asaltantes fueron capturados, pero una orden recibida desde La Habana los condenó a morir, siendo brutalmente asesinados 55 asaltantes. Fidel Castro salvó la vida sólo porque fue apresado días después, tras su fuga hacia zonas montañosas en torno a la ciudad, y por la intervención del Nuncio Apostólico de Santiago de Cuba. Luego, en otras ocasiones también la predestinación mantendría con vida al joven líder.

La epopeya fallida del Moncada, así como la singular autodefensa protagonizada por el abogado Fidel Castro en el juicio a que fueron sometidos los sobrevivientes, conocida como *"La Historia me absolverá"*, configuraron la voluntad de lucha del pueblo cubano, principalmente su juventud, contra la tiranía. Estando aún el líder en prisión se creó el instrumento de la insurrección: el *"Movimiento 26 de Julio"* (M-26-7), cuyas células clandestinas cubrirían el territorio nacional.

Pese a haber sido condenado a 15 años de prisión por los sucesos del *"Moncada"*, el 15 de mayo de 1955 Fidel Castro y otros *moncadistas* fueron puestos en libertad con un indulto decretado por Batista (de lo cual tendría luego razones para arrepentirse). Inmediatamente exiliado en Estados Unidos y México, el grupo de revolucionarios se dio a la tarea de preparar el regreso a Cuba, esta vez con una expedición armada que haría de las montañas orientales su escenario de luchas. Sus 82 hombres bajo el mando de Fidel Castro finalmente recorrieron en el yate *"Granma"* la ruta entre Tuxpan (México) y Las Coloradas (Cuba), a donde llegaron el 2 de diciembre de 1956, y desde donde, con graves pérdidas humanas y materiales en sorpresivos enfrentamientos con el ejército gubernamental, alcanzaron la Sierra Maestra, la mayor cordillera cubana. En varias ciudades las células del M-26-7 recibieron con acciones armadas el desembarco. Con 12 sobrevivientes comenzaba a escribirse la leyenda de los *barbudos de Fidel...*

Muchas páginas pueden dedicarse a describir la lucha guerrillera, primero en la Sierra Maestra y luego extendida a otras regiones en el oriente, centro y occidente de la Isla, donde alrededor de 800 combatientes del Ejército Rebelde derrotaron a los más de 70 mil soldados, fuerzas aéreas y navales, del Ejército constitucional de Batista, que contaba con el apoyo logístico de Estados Unidos. Baste decir que el 1 de enero de 1959, poco más de 2 años después del desembarco del yate "*Granma*", el dictador optó por abandonar el país, y días más tarde Fidel Castro, al frente de una victoriosa columna verde olivo, entró en La Habana. Fue el triunfo de la insurrección armada, al costo de 20 mil vidas. Con el éxito de la insurrección se enfrentó el reto más difícil: llevar a cabo la revolución.

Luego de 60 años de aquel acontecimiento, resulta inevitable, e incluso fácil, hacer una evaluación del proceso revolucionario cubano hasta nuestros días, definiendo sus aciertos y sus errores, considerando los factores políticos globales que influyeron en su desarrollo en una u otra dirección, teniendo en cuenta de modo destacado el papel de la personalidad en la historia, a través de la icónica figura de su máximo líder: Fidel Castro, ya desaparecido físicamente.

La toma violenta del *poder* mediante las armas provocó inevitablemente extremos de violencia. Violencia contra violencia. Los llamados "tribunales revolucionarios" dieron riendas sueltas al enjuiciamiento de ex-militares acusados de crímenes contra la población durante la dictadura, y condenados a morir por fusilamiento. Otros, opuestos al nuevo régimen, optaron por esconderse en las montañas y formar bandas armadas para reeditar la lucha guerrillera. La anhelada paz, tras 7 años de confrontaciones desde 1952, no llegó al pueblo cubano.

Pese al apoyo militar del Gobierno norteamericano a la tiranía de Batista durante la insurrección, la revolución cubana en sus inicios no fue declaradamente antimperialista. Se planteaba como objetivos hacer realidad el llamado "*Programa del Moncada*" expuesto por Fidel Castro en su alegato "*La Historia me Absolverá*", donde la acción más radical parecía ser una reforma agraria en beneficio del campesinado. En ningún lado se hablaba de "*dictadura del proletariado*", aunque en las triunfantes filas rebeldes ya se movían intereses marxistas-leninistas.

Evidentemente, los gobernantes norteamericanos fueron sorprendidos por el curso de los acontecimientos en Cuba, cuando se produjo allí la nacionalización de empresas yanquis, y en respuesta se plantearon eliminar la revolución por cualquier vía. Desde octubre de 1959 el Presidente Dwight Eisenhower aprobó acciones encubiertas contra Cuba, propuestas por el Departamento de Estado y la CIA, como ataques aéreos y navales. También el objetivo de la eliminación física de Fidel Castro. Las restricciones comerciales aumentaron, y EE.UU. dejó de comprar azúcar cubano y de vender petróleo a la Isla.

Muchas familias de clase alta y media optaron por abandonar el país ante la amenaza de las leyes revolucionarias, buscando refugio en las cercanas costas de Estados Unidos. La ciudad de Miami se convirtió en centro de conspiraciones contra la naciente revolución, hechos que tuvieron su máxima expresión en el desembarco de *Bahía de Cochinos* (Playa Girón) en abril de 1961, donde una fuerza expedicionaria organizada, armada y apoyada logísticamente por Estados Unidos, fue derrotada por el Ejército Rebelde y las milicias cubanas en apenas 72 horas.

Mientras la tensión con Estados Unidos se incrementó, su enemigo en la "*Guerra fría*", la URSS, vio en la revolución cubana una oportunidad geopolítica y jugó sus cartas para aprovecharla. En febrero de 1960 el viceprimer ministro soviético Anastas Mikoyan visitó Cuba para conceder un crédito de cien millones de dólares, además de firmar tratados para la compra de azúcar y venta de petróleo. El 8 de mayo de ese año se reanudaron las relaciones diplomáticas con la Unión Soviética, interrumpidas por Batista en 1952. Por su parte, el 3 de enero de 1961 el Gobierno norteamericano decidió romper las relaciones diplomáticas con Cuba, luego que Fidel Castro declarase en un mensaje televisivo: *"Soy marxista-leninista y seré marxista-leninista hasta el último día de mi vida"*. Como rigen las leyes de la Física, Cuba, expulsada de la órbita de EE.UU. por la política norteamericana contra ella, se vio, voluntariamente o no, arrojada a la de su rival ideológico y militar:

la Unión Soviética, relación que tuvo un punto culminante cuando la crisis de los misiles nucleares soviéticos en Cuba, en octubre de 1962, que puso al mundo al borde de la guerra.

El espíritu audaz y carismático de Fidel Castro lo convirtió en un adalid para el pueblo cubano, que lo siguió en aventuras armadas intervencionistas en diversas regiones latinoamericanas y africanas. Sus vibrantes discursos enardecían el fervor revolucionario de la población, que lo reconocía como un gran líder, determinando las tendencias hacia el culto a su personalidad. En una arenga pública premiada con atronadores aplausos, emplazó así al Presidente de EE.UU., George W. Bush: *"Puesto que usted ha decidido que nuestra suerte está echada, tengo el placer de despedirme como los gladiadores romanos que iban a combatir en el circo: Salve, César, los que van a morir te saludan. Solo lamento que no podría siquiera verle la cara, porque en ese caso usted estaría a miles de kilómetros de distancia, y yo estaré en la primera línea para morir combatiendo en defensa de mi patria".*

La muerte de Fidel Castro fue menos gloriosa. Sucumbió a la enfermedad y el desgaste físico a la edad de 90 años, el 25 do noviombro do 2016, luego de varios años retirado del ejercicio del poder, aunque indudablemente lo seguía ejerciendo tras bambalinas. Poco queda ya de la generación que le siguió en el *"Moncada"*, el *"Granma"* y la Sierra Maestra; los *"barbudos de Fidel"*. La gloria de la revolución cubana, que sirvió de paradigma a todos los movimientos de izquierda en el mundo, se apaga tras las brumas de su fracaso en la arena económico-social.

A 60 años del triunfo insurreccional, tanto el inicial *"Programa del Moncada"* como las grandes metas de la construcción socialista, son asignaturas pendientes que los nuevos gobernantes cubanos se empeñan aún en anunciar como objetivos en el mediano plazo. El fracaso productivo, muy evidente en las esferas agrícola y azucarera en un país donde la naturaleza es prolífica, la crisis financiera y la dualidad monetaria insolubles, el eterno racionamiento de la canasta básica, que lleva a extremos la cotidiana gestión alimentaria de la población, el creciente deterioro del fondo habitacional en las ciudades y en la transportación a todos los niveles, la marcada pérdida de valores principalmente en las jóvenes generaciones, con males como la prostitución y la delincuencia, el éxodo de más de 2 millones de cubanos que han preferido escapar de la traumática realidad del país, resultan hoy cartas de presentación de una revolución robada por los propios revolucionarios.

Sí, fueron los errores de los revolucionarios cubanos, conducidos por Fidel Castro, los que condenaron al fracaso a ese proceso que surgió como una leyenda con dimensiones épicas. Bajo el fervor patriótico y la hipnosis colectiva implementada por el carismático líder, en Cuba tuvieron cabida todos los males enunciados en el capítulo 4 del presente libro...

a) <u>El dogmatismo en las ideas</u>. Primero la revolución fue verde olivo, y luego se convirtió al rojo; entonces, cualquier otro tono ideológico fue calificado y combatido como *revisionismo*.

b) <u>La intolerancia en el discurso</u>. Hasta la práctica religiosa fue atacada e incluso en ocasiones prohibida, por considerarla opuesta al *materialismo* que sustentaba a la teoría revolucionaria.

c) <u>La intransigencia en la conducta</u>. El llamado *centralismo democrático* fue la forma oficial de anular el ejercicio de la crítica, sólo posible en tiempo y lugar convenientemente establecidos por los jefes.

d) <u>La doble moral en el actuar</u>. La dirigencia revolucionaria instaba a la modestia, pero viviendo en condiciones de privilegio, con lo que se hizo realidad la creación de una "*burguesía obrera*".

e) <u>La demagogia en las campañas</u>. Los planes de acción gubernamentales generalmente terminaban en eso mismo, y la dirigencia se especializó mucho más en justificar los fracasos, que en cumplir.

f) <u>La corrupción en los métodos</u>. Todavía quedan por descubrir los grandes fraudes cometidos por figuras políticas, protegidos por el "*secretismo*" con que el Gobierno cubano cubre sus acciones.

g) <u>El culto a la personalidad</u>. La imagen de Fidel en los sitios públicos, su adoración por los niños en las escuelas, la propaganda en torno a la infalibilidad de su pensamiento, son algunas muestras…

h) <u>El efecto rebote</u>. La defenestración de un funcionario tras cada fracaso, como el de la *Zafra de los 10 millones*. Nunca Fidel dijo *"mea culpa"*, aunque aprobaba todas las decisiones.

i) <u>El efecto fusible</u>. El ejemplo más significativo: el General Arnaldo Ochoa fusilado por negociar drogas con Pablo Escobar en nombre de Cuba. ¿Qué jefe máximo aprobó la operación?

j) <u>El "nosotros" contra el "yo"</u>. Decir *"yo"* en lenguaje coloquial en Cuba se convirtió en mala palabra. Hasta el novio, al pedir la mano de su novia, decía al padre: *"Nosotros queremos casarnos con ella"*.

k) <u>El "mañana" contra el "hoy"</u>. La consigna principal en Cuba fue: *"El presente es de lucha. El futuro es nuestro"*. Y cuando el futuro se convertía en presente, la esperanza moría sin remedio.

l) <u>La manipulación de la historia</u>. Fidel citaba mucho al Martí antimperialista. Pero nunca algo como: *"Yo sé de un penar profundo entre las penas sin nombre. La esclavitud de los hombres es la gran pena del mundo"*.

m) <u>"Conmigo o contra mí"</u>. La sentencia *"Con la revolución todo, contra la revolución nada"* fue una de las más furibundas consignas, aplicada sobre todo en el campo de la intelectualidad y el arte.

n) <u>El infierno sin mí.</u> De eso se encargaba la propaganda política, que ponía a Fidel incluso como el divino salvador ante la furia de la naturaleza; el líder frente a los huracanes.

o) <u>Último recurso: la dictadura.</u> El régimen fidelista es aún expresión de un totalitarismo ejercido con la anuencia del pueblo, incapaz de oponerse al mismo sistema que ayudó a construir y defender.

7/ BOLIVIA: EL CALVARIO DEL "CHE"

Cuando en 1952, y aún sin graduarse como médico, Ernesto Guevara de la Serna realizó, junto a su amigo Alberto Granado, su conocido primer viaje por Latinoamérica a bordo de una motocicleta, estaba lejos de convertirse en el "Che".

El viaje, iniciado el 4 de enero, duró siete meses, en los que pasaron por Chile, Perú, Colombia, y Venezuela, regresando a Buenos Aires el 31 de julio. Escribió en su diario: *"Este vagar sin rumbo por nuestra América me ha cambiado más de lo que creí".* Tras su regreso finalizó los estudios de Medicina, titulándose el 11 de abril de 1953, año en que emprendió, con su amigo de la infancia Carlos Ferrer, un segundo viaje transamericano, saliendo el 7 de julio hacia Bolivia, luego a Perú y Ecuador, donde Ernesto decide ir a Guatemala para ver el proceso revolucionario liderado por Jacobo Arbenz, pasando por Panamá, Costa Rica, Nicaragua, Honduras y El Salvador, completando el periplo el 24 de diciembre al llegar a Ciudad de Guatemala sin un centavo en el bolsillo.

Vivió en Guatemala algo más de nueve meses, en condiciones precarias y complejas en medio de una convulsa realidad política en torno al gobierno de Arbenz, al que Estados Unidos calificaba como comunista y pretendía derrocar, lo que logró finalmente con una intervención armada encabezada por el militar Carlos Castillo Armas, entre el 18 de junio y el 3 de julio de 1954. Guevara fue testigo presencial de aquellos hechos, durante los cuales no sólo conoció a quien sería su primera esposa, la peruana Hilda Gadea, sino además a un grupo de exiliados cubanos del grupo que, comandado por Fidel Castro, el 26 de julio de 1953 protagonizó el asalto al cuartel "*Moncada*" en Santiago de Cuba. Como dice el refrán: "*Dios los cría y el Diablo los junta...*"

Uno de aquellos jóvenes, Antonio "Ñico" López, fue quien le puso el alias de "Che". Sus ideas habían evolucionado hacia el marxismo-leninismo. Su incipiente pensamiento político se manifestó por primera vez en una carta enviada a su tía Beatriz el 10 de diciembre de 1953, donde le dice: "*...tuve la oportunidad de pasar por los dominios de la United Fruit, convenciéndome una vez más de lo terrible que son estos pulpos. He jurado ante una estampa del viejo y llorado camarada Stalin no descansar hasta ver aniquilados a estos pulpos capitalistas. En Guatemala me perfeccionaré y lograré lo que me falta para ser un revolucionario auténtico.*"

Luego de la instauración del gobierno de Castillo Armas, Hilda, su compañera, fue detenida, y Guevara se refugió en la Embajada argentina, de donde partió, en septiembre de 1954, hacia Ciudad de México, donde iniciaría la etapa más trascendental de su vida. Allí definió sus ideas políticas revolucionarias, tuvo a su primera hija tras el reencuentro con

Hilda, y se incorporó al grupo encabezado por Fidel, que preparaba una expedición para continuar la lucha armada en Cuba.

En junio de 1955 Raúl Castro, hermano menor de Fidel y su fiel seguidor en la épica revolucionaria, se estableció en México, donde conoció a Guevara, identificándose ambos por sus ideas comunistas. Semanas después llegaría Fidel a la capital mexicana, donde le fue presentado el joven médico argentino, al que invitó a unirse a la expedición en fragua. Años más tarde el "Che" lo recordaría así en su histórica carta de despedida: *"Me recuerdo ahora de muchas cosas, de cuando te conocí en casa de María Antonia, de cuando me propusiste venir, de toda la tensión de los preparativos. Un día pasaron preguntando a quién se debía avisar en caso de muerte, y la posibilidad real del hecho nos golpeó a todos. Después supimos que era cierto, que en una revolución se triunfa o se muere, si es verdadera..."*

El 25 de noviembre de 1956, desde Tuxpan, una playa del Golfo de México, partió el yate *"Granma"* rumbo a las costas orientales de Cuba, a donde llegó el 2 de diciembre. Guevara, ya convertido en "Che", es uno de los 82 hombres a bordo, con funciones de médico de la expedición. Tras un calamitoso desembarco, la fuerza expedicionaria es sorprendida y diezmada por una emboscada del Ejército. Para el "Che" es un momento de definición, pues en la precipitada huida, al tener que

113

decidir entre cargar una caja de balas o una con medicamentos para sus funciones médicas, opta por la primera, con lo que se definió a sí mismo como "matador de hombres" antes que como sanador.

Tras la dispersión de los sobrevivientes en fuga del escenario combativo, el "Che" es uno de los pocos que logra alcanzar las montañas de la Sierra Maestra y reunirse finalmente con Fidel para conformar el núcleo inicial del naciente *Ejército Rebelde.* El 31 de diciembre de ese año sus familiares en Argentina, desolados por su posible muerte, reciben el siguiente mensaje alentador: *"Queridos viejos: Estoy perfectamente, gasté solo 2 y me quedan cinco*[12]. *Sigo trabajando en lo mismo, las noticias son esporádicas y lo seguirán siendo, pero confíen en que Dios sea argentino. Un gran abrazo a todos."*

La Sierra Maestra es una cadena montañosa en la región suroriental de Cuba. Constituye la mayor cordillera del país, un verde bastión que bordea la costa desde Cabo Cruz hasta la Bahía de Guantánamo, con alrededor de 250 km de largo y 35 de ancho. Su más alta elevación es el Pico Turquino con 1974 msnm. Su altura media está entre los 300 y 1500 msnm. La Sierra Maestra es uno de los escenarios naturales más majestuosos de Cuba, cubierto con densos bosques tropicales.

---

[12] En alusión a las 7 vidas de un gato, de las que dice haber perdido sólo 2…

Según el plan estratégico de Fidel, la cordillera era el sitio ideal para fomentar al *Ejército Rebelde* con el apoyo del campesinado de la zona, por su intrincada geografía, e iniciar allí la lucha guerrillera contra las fuerzas gubernamentales que serían enviadas en su búsqueda. Su proximidad a Santiago de Cuba, con fuerte tradición rebelde (la ciudad, cuna de la mayor cantidad de generales en las luchas independentistas y escenario del asalto al cuartel "*Moncada*" en julio de 1953, apoyó el desembarco del "*Granma*" con un audaz levantamiento armado ejecutado por las milicias clandestinas del *Movimiento 26 de Julio*), le brindaba la posibilidad de recibir abastecimiento humano y material de los grupos clandestinos que actuaban en la región.

En los primeros duros tiempos de la gesta guerrillera, el "Che" combinó las funciones de médico y combatiente, participando en combates que marcaron la presencia del *Ejército Rebelde* y sirvieron para desmentir la versión oficial de la muerte de sus principales cabecillas a raíz del desembarco. Pronto se destacó por la firmeza de su carácter, su valor temerario, visión táctica y capacidad de mando, de modo que fue el primer combatiente ascendido a *Comandante del Ejército Rebelde* por Fidel Castro, y puesto al frente de una segunda columna guerrillera, para la expansión del territorio bajo el control de los "barbudos", como eran conocidos los aguerridos fidelistas.

La lucha insurreccional en la Sierra Maestra, iniciada en 1956, se extendió hasta 1958, con múltiples acciones combativas de diversa magnitud, escaramuzas, verdaderas batallas campales, y el sitio y toma de poblaciones, que marcaron la mayoría de edad del *Ejército Rebelde*, cuyo territorio rebasó la región del Turquino y se extendió a zonas montañosas del norte oriental y el este de Santiago de Cuba. En otros macizos montañosos del centro y el occidente de la Isla se formaron núcleos guerrilleros, mientras que las milicias clandestinas mantenían en jaque a las ciudades, llegando incluso a asaltar el Palacio Presidencial en La Habana, el 13 de marzo de 1957, acción donde el dictador Batista escapó milagrosamente.

En un último esfuerzo militar, y con el apoyo logístico de Estados Unidos, el régimen batistiano emprendió el 6 de mayo de 1958 una ofensiva general contra la Sierra Maestra, lanzando 10 mil soldados en varios frentes, apoyados por ataques aéreos, a los que el *Ejército Rebelde* opuso unos 300 combatientes. Tras cruentas batallas, como Jigüe y Santo Domingo, las tropas gubernamentales, sufriendo muchas bajas e incapaces de acorralar a los "barbudos" en su propio territorio, emprendieron el 7 de agosto la fuga de la Sierra Maestra, dejando en manos rebeldes grandes cantidades de material bélico. En las cruentas jornadas, el "Che", al frente de su columna guerrillera, fue protagonista de épicas hazañas, como en Vegas de Jibacoa, que alimentaron la leyenda en torno a su figura.

116

Fidel Castro consideró llegado el momento de expandir la guerra al resto de Cuba, mediante la invasión del llano por fuerzas rebeldes. Los comandantes guerrilleros Ernesto Guevara y Camilo Cienfuegos recibieron la orden de conducir sendas columnas en marcha hacia occidente, bajando de la Sierra Maestra el 31 de agosto de 1958, para atravesar, en muy difíciles condiciones, los llanos del río Cauto y Camagüey, llegando seis semanas más tarde, después de recorrer 600 km de zonas pantanosas, acosados por aviones y emboscadas enemigas, a las estribaciones del Escambray, segundo macizo montañoso de la Isla. En tanto Camilo Cienfuegos se dirigía a operar en el centro y norte de la provincia Las Villas, el "Che" lo hacía en el sur, subordinando a su mando a las fuerzas rebeldes que ya actuaban allí, principalmente conformadas por militantes del *Partido Socialista* y del *Directorio Estudiantil Universitario*.

En noviembre de 1958 comenzó la embestida final en las provincias con presencia rebelde en el país. Mientras que las columnas bajo el mando de Fidel y su hermano Raúl conquistaban, una tras otra, poblaciones en la región oriental, acercándose a Santiago de Cuba y Bayamo, en la región central Camilo Cienfuegos y "Che" Guevara dominaban en Fomento, Guayos, Cabaiguán, Placetas, Sancti Spíritus, Remedios, Caibarién, Camajuaní... hasta llegar a los escenarios finales de la lucha: el primero en la ciudad de Yaguajay, y el segundo en la gran urbe de Santa Clara, último bastión batistiano antes de La Habana.

117

La batalla de Santa Clara se inició el 28 de diciembre de 1958, con el asedio de unos 350 guerrilleros bajo el mando del "Che" a las posiciones fortificadas con 3500 soldados. La sangrienta lucha se extendió durante tres días, siendo la ciudad sometida a intenso bombardeo por la fuerza aérea gubernamental. Ante la derrota de sus tropas, en la madrugada del 1 de enero de 1959 el dictador Fulgencio Batista decidió huir del país. El desenlace de la guerra ya estaba decidido. Fidel Castro se desplazó de inmediato sobre Santiago de Cuba, donde entró en la noche del mismo 1 de enero, ocupando finalmente el cuartel "*Moncada*", inicio de su gesta armada cinco años atrás, mientras las columnas de Camilo y "Che" avanzaron hacia La Habana para tomar el Palacio Presidencial y las principales fortalezas militares, ya sin combatir por la rendición del Mando militar, los días 2 y 3 de enero. La historia del médico argentino devenido en comandante guerrillero inició una nueva etapa…

La victoriosa insurrección armada instauró en el poder en Cuba a un Gobierno que se calificaba a sí mismo como "verde olivo", aunque existían tendencias de extrema izquierda, entre las que militaba el propio "Che", que se declaraba marxista-leninista. Ello fue causa de desavenencias iniciales entre los principales caudillos revolucionarios, cuando Fidel Castro permitió la instauración de un Gobierno de corte burgués, encabezado por el magistrado Manuel Urrutia, quien en diciembre de 1958 había sido designado "*Presidente en armas*", antes de la fuga de Batista. El suceso se produjo cuando el almirante Wolfgang Larrazábal, que era Presidente de Venezuela, envió a la Sierra Maestra un avión con armas para los rebeldes, en el cual viajó Urrutia, constituyéndose entonces el gobierno provisional en previsión de la cercana victoria.

Guevara, como Jefe militar en la fortaleza de La Cabaña, desde donde se domina la ciudad capital, se concentró en sus tareas castrenses, una de las cuales –la más condenada por los críticos de su historia- fue encabezar tribunales revolucionarios para aplicar la pena máxima a servidores de la dictadura, fusilados en los fosos de la fortaleza. La opinión personal de Guevara sobre aquellos fusilamientos fue expuesta ante las Naciones Unidas años después, el 11 de diciembre de 1964: *"Nosotros tenemos que decir aquí lo que es una verdad conocida, que la hemos expresado siempre ante el mundo: fusilamientos, sí, hemos fusilado; fusilamos y seguiremos fusilando mientras sea necesario. Nuestra lucha es una lucha a muerte. Nosotros sabemos cuál sería el resultado de una batalla perdida y también tienen que saber los gusanos cuál es el resultado de la batalla perdida hoy en Cuba".* [13]

Pronto el Gobierno provisional, de tipo burgués, se desplomó, como consecuencia, por un lado, de sus tibias acciones para encauzar el programa revolucionario del

---

[13] Intervención en la Asamblea General de las Naciones Unidas en uso del derecho de réplica, Ernesto Guevara, 11 de diciembre de 1964.

"*Moncada*", que auspiciaba Fidel Castro, y por otro, por la creciente presión de fuerzas de izquierda, que invocaban a una radicalización antimperialista del proceso, en las cuales militaba el "Che". Como consecuencia de su traumática experiencia guatemalteca, Guevara estaba convencido de que el Gobierno de Estados Unidos no demoraría en ir contra la naciente revolución, por lo que clamaba por su radicalización inmediata, a fin de prepararse para una confrontación abierta que podía incluso llegar a la intervención militar. A la vez, era partidario de buscar el apoyo de la Unión Soviética, como contrapartida a la amenaza yanqui que preveía, y de abrir nuevos focos guerrilleros en América Latina, para realizar una revolución de alcance continental.

En una hábil maniobra política, Fidel Castro, designado Primer Ministro del Gobierno revolucionario, en julio de 1959 anunció públicamente su renuncia al cargo por desacuerdos con el Presidente Urrutia. De inmediato se desató una manifestación popular que exigió la permanencia del máximo líder en su cargo, y la renuncia del Presidente, que se refugió en la Embajada de Venezuela en La Habana. Castro retornó a ser Primer Ministro, y como nuevo Presidente fue designado el izquierdista Osvaldo Dorticós. La revolución comenzaba a cambiar del verde olivo al rojo, para beneplácito de los extremistas políticos.

Pero el "Che" no estaba equivocado en cuanto al incremento de la hostilidad de Estados Unidos contra la joven revolución. Tan temprano como el mismo año 1959, el presidente Eisenhower instruyó a la Agencia Central de Inteligencia (CIA) para organizar acciones desestabilizadoras contra Cuba, que incluían sabotajes y atentados, empleando a tales fines a la creciente ola de ex-militares y familias de clase social alta que escapaban de la marea revolucionaria y buscaban refugio en destinos norteamericanos, como la ciudad de Miami, donde se fue fomentando un agresivo ambiente contrarrevolucionario. El 3 de enero de 1961, en una de las últimas medidas de su gobierno antes de entregar el poder a John F. Kennedy, el presidente Eisenhower suspendió las relaciones diplomáticas con Cuba. El enfrentamiento directo era inminente. Y el 17 de abril de ese año se concretó con el desembarco de fuerzas militares contrarrevolucionarias, entrenadas y armadas por Estados Unidos, en *Bahía de Cochinos*, al centro de la Isla, las que fueron derrotadas tras 72 horas de intensos combates.

Con el avance en la gestión del Gobierno revolucionario, Guevara abandonó las funciones castrenses y desempeñó otras de tipo civil, en el Instituto Nacional de Reforma Agraria (INRA), como Ministro de Industrias, Presidente del Banco Nacional y promotor de la Junta Central de Planificación, además de representar internacionalmente a Cuba en varias ocasiones, entre las que se destacan las que llevaron a la firma de acuerdos comerciales y militares con la Unión Soviética.

Su influencia en el empeño por abrir vías hacia la gestión socialista en lo económico y político era indiscutible: impulsó la expropiación de empresas nacionales y extranjeras, la planificación centralizada, el desarrollo de la industria pesada para romper la dependencia comercial del azúcar, sostuvo la idea del "*hombre nuevo*" y escribió "*El socialismo y el hombre en Cuba*", documento programático para la construcción de tal modelo social en la Isla, una especie de "*Manifiesto Comunista*" hacia la revolución latinoamericana. El trabajo voluntario era para él expresión fundamental de semejante *hombre nuevo*, y personalmente dedicaba todos los sábados a realizarlo en fábricas, en faenas agrícolas, o en obras de la construcción, promoviendo tal actitud entre sus subordinados, quienes no siempre recibían de buena gana su austeridad y propuesta de dar ejemplo con el comportamiento personal.

Indudablemente, la figura de Ernesto Guevara era de tal magnitud, que en la arena política cubana rivalizaba con la del Comandante en Jefe, Fidel Castro. Y probablemente fue esa circunstancia la que determinó el curso definitivo de su existencia. Un factor detonante parece ser la crisis de los misiles nucleares soviéticos instalados en Cuba dentro de los convenios de colaboración militar, que llevó al mundo al borde de la guerra en octubre de 1962, por la reacción del Gobierno norteamericano, declarando el bloqueo naval a la Isla. El conflicto se zanjó afortunadamente con el acuerdo asumido entre los líderes de Estados Unidos, Kennedy, y la URSS,

Jruschov, de retirar dicho armamento, decisión que no fue recibida con beneplácito por la dirigencia cubana. Fidel proclamó los denominados *"Cinco puntos de la dignidad"*, mientras que Guevara no ocultó su rechazó a la decisión rusa, que estimó como claudicante. El 4 de diciembre de ese año, en una entrevista con el diario socialista británico *"Daily Worker"*, declaró: *"Si los cohetes hubieran permanecido, los hubiéramos usado todos y dirigido hacia el corazón mismo de los Estados Unidos, incluyendo Nueva York, en nuestra defensa contra la agresión. Pero no los tenemos, así que pelearemos con lo que tenemos"*. Es obvio que la reacción cubana molestó al Kremlin. Decidieron dos cosas al respecto: recuperar la simpatía del máximo líder, y sacar del juego al molesto líder, por esa y otras manifestaciones extremadamente radicales y políticamente inconvenientes.

Así se produjo la primera visita de Fidel Castro a la URSS en abril de 1963, solo dos meses después de que la Administración del presidente estadounidense John Kennedy impusiera el bloqueo económico y comercial contra la isla, tras la crisis de los misiles nucleares en octubre de 1962. Durante 38 días, el máximo líder viajó por toda la nación, no sólo con los honores de Jefe de Estado, sino además siendo tratado como *Héroe de la Unión Soviética*, galardón que recibió de manos de Nikita Jruschov, y pronunciando un discurso desde la tribuna en el mausoleo de *Lenin*, en la *Plaza Roja* de Moscú, como el único extranjero al que se le concedió tal privilegio. El centro del encuentro fue el futuro de las relaciones cubano-soviéticas. Para el mandatario ruso, la isla representaba una punta de lanza en las esferas ideológica y militar frente a su archienemigo, los Estados Unidos; mientras que para el líder caribeño la poderosa nación euroasiática constituía una tabla de salvación ante las pretensiones imperialistas norteamericanas. Ambos estaban decididamente interesados en llevar las relaciones al máximo nivel. Finalmente se llegó a un acuerdo: Cuba recibiría moderno armamento convencional soviético y garantías de seguridad, con lo que se recuperó la simpatía del máximo líder.

En cuanto a sacar del juego al molesto líder, se convirtió en una misión que Fidel Castro asumió tal vez con cierto sabor amargo en la boca, pues se trataba de un valioso colaborador y aliado desde los momentos difíciles de la insurrección, pero que estuvo decidido a llevar a cabo, sobre todo considerando la tendencia, ya expuesta por el "Che", de dedicar el resto de su vida a la causa revolucionaria en otras tierras del mundo. Los conflictos bélicos en África brindarían la oportunidad.

A fines de 1964 el "Che" ya había decidido abandonar el Gobierno revolucionario en Cuba, para participar en empeños revolucionarios en el continente africano, teniendo como centro a la República del Congo, donde actuaba una guerrilla rebelde apoyada por Cuba, tras el asesinato de Patricio Lumumba. Fue en el marco de la constitución del primer *Comité Central del Partido Comunista de Cuba*, el 3 de octubre de 1965, ante la inexplicada ausencia pública del comandante Guevara, cuando Fidel Castro dio lectura a su famosa "carta de despedida", el testamento político del guerrillero:

Fidel:

Me recuerdo en esta hora de muchas cosas, de cuando te conocí en casa de María Antonia, de cuando me propusiste venir, de toda la tensión de los preparativos. Un día pasaron preguntando a quién se debía avisar en caso de muerte y la posibilidad real del hecho nos golpeó a todos. Después supimos que era cierto, que en una revolución se triunfa o se muere (si es verdadera). Muchos compañeros quedaron a lo largo del camino hacia la victoria. Hoy todo tiene un tono menos dramático porque somos más maduros, pero el hecho se repite. Siento que he cumplido la parte de mi deber que me ataba a la Revolución Cubana en su territorio y me despido de ti, de los compañeros, de tu pueblo que ya es mío. Hago formal renuncia de mis cargos en la dirección del Partido, de mi puesto de Ministro, de mi grado de Comandante, de mi condición de cubano. Nada legal me ata a Cuba, sólo lazos de otra clase que no se pueden romper como los nombramientos.

Haciendo un recuento de mi vida pasada creo haber trabajado con suficiente honradez y dedicación para consolidar el triunfo revolucionario. Mi única falta de alguna gravedad es no haber confiado más en ti desde los primeros momentos de la Sierra Maestra y no haber comprendido con suficiente claridad tus cualidades de conductor y de revolucionario. He vivido días magníficos y sentí a tu lado el orgullo de pertenecer a nuestro pueblo en los días luminosos y tristes de la crisis del Caribe. Pocas veces brilló más alto un estadista que en esos días, me enorgullezco también de haberte seguido sin vacilaciones, identificado con tu manera de pensar y de ver y apreciar los peligros y los principios.

Otras tierras del mundo reclaman el concurso de mis modestos esfuerzos. Yo puedo hacer lo que te está negado por tu responsabilidad al frente de Cuba y llegó la hora de separarnos. Sépase que lo hago con una mezcla de alegría y dolor, aquí dejo lo más puro de mis esperanzas de constructor y lo más querido entre mis seres queridos... y dejo un pueblo que me admitió como un hijo; eso lacera una parte de mi espíritu. En los nuevos campos de batalla llevaré la fe que me inculcaste, el espíritu revolucionario de mi pueblo, la sensación de cumplir con el más sagrado de los deberes: luchar contra el imperialismo donde quiera que esté, esto reconforta y cura con creces cualquier desgarradura.

Digo una vez más que libero a Cuba de cualquier responsabilidad, salvo la que emane de su ejemplo. Que si me llega la hora definitiva bajo otros cielos, mi último pensamiento será para este pueblo y especialmente para ti. Que te doy las gracias por tus enseñanzas y tu ejemplo al que trataré de ser fiel hasta las últimas consecuencias de mis actos. Que he estado identificado siempre con la política exterior de nuestra Revolución y lo sigo estando. Que en dondequiera que me pare sentiré la responsabilidad de ser revolucionario cubano, y como tal actuaré. Que no dejo a mis hijos y mujer nada material y no me apena: me alegra que así sea. Que no pido nada para ellos pues el Estado les dará lo suficiente para vivir y educarse.

Tendría muchas cosas que decirte a ti y a nuestro pueblo, pero siento que son innecesarias, las palabras no pueden expresar lo que yo quisiera, y no vale la pena emborronar cuartillas.

Hasta la victoria siempre. ¡Patria o Muerte! Te abraza con todo fervor revolucionario

Che

El origen de la carta de despedida del "Che" ha sido cuestionado por críticos de la revolución cubana, quienes afirman se trató de una maniobra de Fidel para condenar a Guevara a un exilio sin retorno, tras la expresa renuncia a todos sus cargos, e incluso a la nacionalidad cubana que le había sido concedida honoríficamente tras el triunfo insurreccional. El reconocimiento a la dimensión caudillista del máximo líder, presente en el texto, es un claro refuerzo al culto a su personalidad. De cualquier modo, era obvio que, tras la lectura de la despedida, el lugar del comandante argentino-cubano en la esfera política nacional había quedado definitivamente vacante.

El "Che" se presentó a combatir en el Congo con un grupo de antiguos miembros de su columna guerrillera, hombres de confianza y sus fieles seguidores, sin previo aviso a los líderes rebeldes locales, quienes permanecían la mayor parte del tiempo en la ciudad de Dar es Salaam, en Tanzania, mientras Guevara se instalaba en la zona de combates. Como resultado, la participación cubana en la rebelión congoleña fue una experiencia desastrosa, que puso en peligro las vidas de los internacionalistas y obligó a abandonar el empeño.

Tras la retirada del Congo, el "Che" se ocultó en la embajada cubana en Tanzania y posteriormente se trasladó a Praga, donde permaneció por cinco meses en una casa del servicio secreto cubano. Luego de analizar varias opciones, decidió establecer un foco guerrillero en Bolivia, país que, situado en el corazón de Sudamérica, le podría permitir extender la guerra de guerrillas por todo el subcontinente. Con tal fin, el 21 de julio de 1966 volvió secretamente a Cuba, donde se reunió con Fidel Castro y el selecto grupo de guerrilleros –antiguos compañeros de sus acciones en la Sierra Maestra y el Congo-

que lo acompañaría a Bolivia, gobernada por una dictadura militar encabezada por el general René Barrientos.

Convenientemente disfrazado, a fin de borrar su fisionomía, muy conocida mundialmente, ingresó a La Paz con la falsa identidad de Adolfo Mena, y el 7 de noviembre de 1966 se instaló en el campamento que hombres de la avanzada expedicionaria habían ubicado en la zona selvática y montañosa de Ñancahuazú, al sudeste del país, donde las estribaciones de los Andes se unen con la región del Gran Chaco. Fue el inicio del calvario boliviano del "Che" ...

El destacamento, que asumió el nombre de *Ejército de Liberación Nacional (ELN) de Bolivia*, estaba integrado inicialmente por 16 cubanos, 26 bolivianos, 3 peruanos y 2 argentinos. Un total de 47 combatientes, cifra que no aumentaría significativamente durante la campaña guerrillera, sino, por el contrario, menguaría con las bajas sufridas en escaramuzas con el Ejército nacional y la división en dos grupos, que jamás volverían a reencontrarse. No es necesario recontar aquí la epopeya boliviana del "Che", pues el mejor testimonio para eso es su propio *Diario de Campaña en Bolivia*, abundantemente publicado en Internet.[14]

---

[14] https://delupasycatalejos.files.wordpress.com/2017/06/016-diario-che.pdf

Lo que sí es preciso destacar son las causas del fracaso guerrillero tras un año de deambular por las serranías y selvas bolivianas, del 7 de noviembre de 1966, día en que el "Che" llegó a Ñancahuazú, hasta el 7 de octubre de 1967, vísperas del combate de la quebrada del Yuro, donde, debilitado por su crónico padecimiento de asma, desalentado por la falta de apoyo en general, diezmadas sus fuerzas y finalmente herido en combate, fue capturado:

✓ Uno. Tras la sorpresa de la revolución cubana, el Gobierno norteamericano no permitiría otro experimento insurreccional triunfante en su traspatio latinoamericano, de modo que, sospechando la intentona guevariana, dedicó logística e inteligencia para localizarlo y acorralarlo.

✓ Dos. Envalentonado por su triunfante campaña bélica en el escenario cubano, Ernesto Guevara sobrevaloró sus posibilidades como comandante guerrillero, obviando que en Cuba la maestría estratégica rebelde fue principalmente un patrimonio de Fidel.

✓ Tres. No se evaluó objetivamente la diferencia entre los campesinos serranos en Cuba, que dieron pleno apoyo a los "barbudos", y los indígenas andinos en Bolivia, cuya falta de motivaciones políticas les llevó a ignorar a los guerrilleros, a no prestarles ayuda, e incluso a colaborar con el Ejército para combatirlos.

✓ Cuatro. La negativa del *Partido Comunista Boliviano* a reconocer el liderazgo del "Che", por su condición de extranjero, impidió que la guerrilla recibiera el indispensable apoyo humano y material requerido para su consolidación y desarrollo.

✓ Cinco. La interrupción de las comunicaciones con "*Manila*", nombre en clave con que se designaba a La Habana, privó a la guerrilla del esencial contacto con Cuba, necesario para trazar sus estrategias, gestionar aseguramiento logístico, y contar con eventuales vías de escape, en caso necesario.

✓ Seis. La pérdida sistemática de combatientes, en escaramuzas con el Ejército, fue menguando la capacidad combativa del ELN, empeñado más en esconderse en la selva que en reafirmar su presencia mediante acciones exitosas. Toda su campaña se resume en un continuo huir por una geografía hostil y desconocida.

El 8 de octubre de 1967 el grupo guerrillero bajo el mando del "Che" fue acorralado por fuerzas gubernamentales en la *Quebrada del Yuro*, un inhóspito paraje de la serranía boliviana donde se proponían esperar la noche para intentar romper el cerco del ejército. Como describe Fidel Castro en su "*Introducción necesaria*" al "*Diario del "Che*": "*El reducido grupo de hombres que componían en esa fecha el destacamento, combatió heroicamente hasta el anochecer desde posiciones individuales ubicadas en el lecho de la quebrada y en los bordes superiores de la misma contra la masa de soldados que los rodeaban y atacaban. No hay ningún sobreviviente de los que combatieron en las posiciones más próximas al Che (...) Se ha podido precisar que el Che estuvo combatiendo herido hasta que el cañón de su fusil M-2 fue destruido por un disparo, inutilizándolo totalmente. La pistola que portaba estaba sin "magazine". Estas increíbles circunstancias explican que lo hubiesen podido capturar vivo. Las heridas de las piernas le impedían caminar sin ayuda, pero no eran mortales".*

Conducido herido al poblado de La Higuera, fue recluido en la pequeña escuelita de la población, donde se le tomaron varias fotos que muestran su imagen abatida y expectante. El día 9 llegaron al lugar altos mandos militares y un agente de la CIA de origen cubano. Poco después del mediodía el presidente Barrientos dio la orden de ejecutarlo, lo que cumplió el sargento Mario Terán, a las 13:10 del 9 de octubre de 1967.

Matarlo fue un grave error de la oligarquía, pues, con eso, marcaron la culminación de su calvario y el nacimiento mesiánico del "Che", cuya consigna *"¡Hasta la victoria siempre!"* y su rostro icónico se convertirían en símbolos de movimientos sociales y políticos en el planeta, con esa foto donde mira profundamente a la distancia, como queriendo desentrañar el secreto de la utopía revolucionaria por la que luchó, y descubrir los errores de su revolución, robada por quienes en un momento determinado le condenaron a morir en soledad...

8/ CHILE: REVOLUCIÓN SIN INSURRECCIÓN

El fracaso de la guerrilla del "Che" en Bolivia evidenció a los líderes políticos, de izquierda o moderados, que los gobernantes norteamericanos no permitirían, ¡jamás!, el triunfo de otro proyecto social al estilo de la revolución cubana, en el subcontinente que tienen como traspatio y *esfera de influencia*, y que intervendrían para frustrarlos, con todos sus recursos económicos, militares y de inteligencia, teniendo además a la *Organización de Estados Americanos* (OEA) como herramienta ideal para orquestar y justificar tales intervenciones, bajo el disfraz de *ayudas humanitarias y en defensa de los derechos humanos*, refrendado en su Carta constitucional.

La implementación, por el presidente Kennedy en 1961, del programa norteamericano de asistencia económica, política y social a América Latina, denominado *Alianza para el Progreso*, con una inversión de 20 mil millones de dólares tendiente a paliar la aguda situación de miseria y subdesarrollo de los pueblos en la región, fue una maniobra dirigida a dejar sin argumentos todo intento de transformación revolucionaria de la sociedad latinoamericana, tras las huellas de Cuba.

En la Conferencia de Punta del Este (Uruguay), de la OEA, efectuada del 5 al 17 de agosto de 1961, se aprobó la creación de dicha Alianza, con el slogan de: "*Mejorar la vida de*

133

todos los habitantes del continente". El Gobierno revolucionario de Cuba, representado allí por el comandante Ernesto Guevara, se opuso al acuerdo, considerándolo una maniobra imperialista para contrarrestar la influencia de su revolución y apoyar acciones reformistas, entre las que figuraban: una reforma agraria en función de mejorar la productividad agrícola, libre comercio entre los países latinoamericanos, modernización de la infraestructura de comunicaciones, reforma de los sistemas de impuestos, acceso a la vivienda, mejora de las condiciones sanitarias a fin de elevar la expectativa de vida, mejora en el acceso a la educación, incluyendo la erradicación del analfabetismo, precios estables dentro del control de la inflación y cooperación monetaria...

Todas fueron promesas incumplidas, y el programa fracasó tras el asesinato del presidente Kennedy en 1963, cuando sus sucesores limitaron la ayuda financiera estadounidense a América Latina, y optaron por acuerdos bilaterales con los diferentes países, con énfasis en la cooperación militar. En la década de los 60 y 70 la mayoría de los países latinoamericanos registraron un gran endeudamiento externo, sobre todo con instituciones capitalistas como el *FMI* y el *Banco Mundial*, reforzándose la dependencia neocolonial del subcontinente. Esta agudización se basó en la apertura de las economías latinoamericanas a la penetración de capital extranjero, principalmente norteamericano, y la adopción del *modelo neoliberal,* privatizándose empresas estatales y áreas como la salud, la educación o los fondos de pensiones, lo que enervó el clima social en sus poblaciones.

Ante la amenaza de estallidos sociales, se produjo en respuesta una avalancha reaccionaria, caracterizada por la implantación de regímenes militares: en Argentina, Juan Carlos Onganía (1966-1970), Roberto M. Levingston (1970-1971), Alejandro A. Lanusse (1971-1973), y la junta militar conformada por Jorge Rafael Videla, Emilio Eduardo Massera y Orlando Ramón Agosti, entre 1976 y 1983; en Uruguay, Juan María Bordaberry instauró en 1973 un gobierno dictatorial que se mantuvo hasta 1985; en Paraguay, Alfredo Stroessner (1954-1989); en Brasil, diferentes gobiernos militares entre 1964-1985; en Bolivia, Hugo Banzer entre 1971-1982; en América Central y el Caribe, las dictaduras de François Duvalier y su hijo Jean-Claude en Haití (1964-1986), gobiernos dictatoriales en Guatemala entre 1954 y 1986, y la familia Somoza entre 1936 y 1979 en Nicaragua.

Violencia contra violencia. En varias naciones latinoamericanas se desencadenaron episodios de lucha armada protagonizados por movimientos inspirados en la revolución cubana, y que en general recibían aliento político, y en cierta medida también ayuda material, desde La Habana: *Tupamaros* (Uruguay), *Montoneros* (Argentina), *M-19* (Colombia), *Frente Farabundo Martí* (El Salvador), *Ejército Guerrillero de los Pobres* (Guatemala), *Alfaro vive, ¡carajo!*

(Ecuador), *Comandos de Liberación Nacional* (Brasil), *Ejército de Liberación Nacional* (Bolivia), *Frente Sandinista de Liberación Nacional* (Nicaragua)... Con excepción de este último movimiento, que alcanzó la victoria en 1979, todos los demás debieron, tras períodos de violencia más o menos largos, deponer las armas, y en varios casos buscar por vías políticas el camino para sus reivindicaciones. Sólo en Colombia, escenario de la lucha guerrillera más antigua en Latinoamérica, iniciada tras las revueltas liberales a raíz del "*bogotazo*" en 1948, se mantendrían en activo las guerrillas hasta inicios del siglo XXI.

La mayoría de los regímenes militares latinoamericanos, al calor de una nueva estrategia neocolonial y neoliberal, cedió sus puestos a gobiernos de derecha, con la llamada "*transición a la democracia*", y políticas demagógicas para adormecer a los movimientos sociales. La acción revolucionaria no desapareció de esos escenarios, sino que adoptó nuevas formas, instaurándose métodos para llevar a cabo la revolución sin insurrección, apoyándose en la lucha electoral y legislativa refrendada en las Cartas Magnas de todas las naciones. Claro, en la medida en que tales acciones fuesen permitidas por los gobernantes de turno, y no bloqueadas por regímenes extremistas aferrados al poder.

Para semejante empeño "democrático" los movimientos de izquierda estaban, a todas luces, en desventaja. Contra ellos el Estado burgués opuso todos sus recursos legislativos y propagandísticos, pretendiendo desacreditar sus propuestas y acciones ante la opinión pública, acusándolos de extremistas y de ser marionetas de la *"cortina de hierro"*, nombre con que se identificaba peyorativamente al campo socialista encabezado por la Unión Soviética. Debido a la intensa campaña mundial anticomunista, varios partidos políticos latinoamericanos antes identificados como *Comunistas*, cambiaron sus nombres por el aparentemente menos agresivo de *Socialistas*, pretendiendo con ello mostrar posturas más moderadas.

El caso de Chile es paradigmático, pues en el breve lapso de tres años se vivieron dos experiencias radicalmente opuestas en la confrontación política:

✓ El ascenso al poder de un Presidente socialista por vía constitucional en 1970.
✓ El ascenso al poder de un dictador militar mediante golpe de estado en 1973.

Antecedentes destacables de esos hechos fueron, por un lado, que entre 1964 y 1969 el Presidente chileno Eduardo Frei había llevado a cabo un proyecto reformista, al que llamó *"revolución en libertad"*, con ciertas medidas económicas y sociales, como la apropiación por el Estado del 51% de las acciones en las empresas cupríferas, principal recurso minero del país; por el otro, que las Fuerzas Armadas chilenas tenían fama de ser fielmente constitucionales y no intervenir en asuntos de gobierno, por lo que el último golpe de estado exitoso en la historia nacional se remontaba al 27 de septiembre de 1932, la llamada *Rebelión civilista*, que no tuvo el propósito de implantar una dictadura militar, sino al contrario, sustituir la existente por un gobierno civil. Como declaró su conductor, el general Pedro Vignola, Comandante de la I División del Ejército: *"Los militares en esta jornada hemos adquirido un compromiso solemne con la patria y los chilenos: sólo nos dedicaremos a nuestros deberes y jamás empuñaremos las armas si no fuese para defender la soberanía nacional".*[15]

La experiencia de la *"revolución en libertad"* alimentó las expectativas de las capas populares en cuanto a la posibilidad de llevar al poder por vía eleccionaria a un movimiento de izquierda, lo que finalmente se concretó con la victoria de la *Unidad Popular* en las elecciones de 1970, llevando a la Presidencia a Allende.

Salvador Allende Gossens nació el 26 de junio de 1908 en Santiago de Chile, en una acomodada familia de origen vasco, lo que le permitió cursar estudios y finalmente graduarse como médico en la Universidad de Chile, en 1933. Pronto se inició en la política, participando, ese mismo año, en la fundación del *Partido Socialista* chileno. Con la creación, en 1936, del *Frente Popular*, como coalición de organizaciones de izquierda,

---

[15] Recuperado de: https://www.timeline.cl/2014/09/a-81-anos-de-la-rebelion-de-antofagasta/

a la que se unió el *Partido Socialista*, Allende resultó electo su Presidente en Valparaíso, y un año después elegido diputado socialista al Parlamento. En 1939 ocupó el cargo de Ministro de Salubridad del gobernante Pedro Aguirre Cerda, mostrando destacados resultados en su gestión ministerial. En 1945 fue elegido nuevamente Senador de la República, ya en su cargo de Secretario General del *Partido Socialista*.

El líder izquierdista era un símbolo del socialismo moderado, sin extremismos ni caudillismo, que buscaba el acceso al poder mediante la vía eleccionaria, según los cánones de la "democracia representativa" vigente en el país. Al efecto tuvo su primera postulación presidencial en 1952, consiguiendo un escaso 5,44% de votos. Nuevamente en 1958 se presentó a elecciones, esta vez como candidato de la alianza socialista-comunista *Frente de Acción Popular*, obteniendo el 28,91% de los votos. Su tercera postulación ocurrió en 1964, por la misma agrupación política, y en la confrontación contra el conservador Eduardo Frei alcanzó el 38,92% de la votación, mientras su rival obtuvo el 55,6%. Más adelante se sabría que la *Agencia Central de Inteligencia* (CIA) norteamericana financió la campaña electoral de Frei con 2,6 millones de dólares y abundante campaña desestabilizadora contra Allende, al que consideraban una potencial amenaza por el evidente incremento de su popularidad y resultados electorales.

La voluntad política de Allende lo llevó a una nueva confrontación en las urnas, cuando en 1970 encabezó a la *Unidad Popular*, integrada por los partidos *Socialista*, *Comunista*, *Radical*, *Socialdemócrata*, y los movimientos *MAPU* y *API*, como candidato a la Presidencia del país, cuando muchos izquierdistas, como resultado de las tres derrotas anteriores, no creían en la denominada "*vía chilena (eleccionaria) al socialismo*". En esta ocasión enfrentó al derechista Jorge Alessandri, cuya campaña política se vio afectada por problemas de salud, dada su avanzada edad. La *CIA* norteamericana, al tiempo de afirmar que Allende había recibido 350 mil dólares desde Cuba como apoyo a su campaña electoral, así como otros 400 mil desde Rusia para el *Partido Comunista* chileno, destinó alrededor de un millón de dólares para manipular los resultados de las elecciones a favor de la derecha.

La tensión electoral llegó a extremos cuando en una entrevista con el diario de derecha "*El Mercurio*", al preguntársele al entonces Jefe del ejército, general René Schneider, cuál sería la actitud de los militares en caso de que ninguno de los dos candidatos obtuviese la mayoría absoluta, respondió que "*a ello debía responder el Congreso, según lo establecido en la Constitución, y que el ejército se abstendría de intervenir*", respetando el compromiso hecho en 1932.

El 4 de septiembre de 1970 se celebraron los candentes comicios, en un clima de tranquilidad y orden, y pasada la

140

medianoche se conocerían los resultados: Salvador Allende obtuvo el 36,6% de los votos, mientras el candidato de derecha, Alessandri, alcanzó el 34,9%. Era un empate técnico, que debía ser dirimido por el Congreso. Desde el Gobierno norteamericano de Richard Nixon se fraguó una maniobra para impedir que el líder socialista asumiera la Presidencia, los denominados *Track One* y *Track Two*:[16]

El *Track One* consistía en que *el Congreso eligiese a Alessandri, este renunciaría y se llamaría a nuevas elecciones en que la derecha apoyaría a Eduardo Frei.* El plan, también conocido como *"gambito Frei"*, no funcionó, pues la *democracia cristiana* exigió para su apoyo en el Congreso un estatuto de garantías constitucionales. Quedó entonces el *Track Two*, consistente en crear un clima de inestabilidad política en que las Fuerzas Armadas intervinieran y anularan la elección, para lo cual el 22 de octubre se intentó secuestrar al Jefe del Ejército, general René Schneider, quien ya había expresado su no disposición a cooperar, en respeto a la Constitución, pero al intentar defenderse fue herido de bala por sus asaltantes, quienes huyeron. Llevado al Hospital Militar, falleció dos días después.

---

[16] **Armando Uribe, Cristián Opaso**: *"Intervención norteamericana en Chile".* Santiago: Editorial Sudamericana, 2001.

El 24 de octubre se realizó la votación en el Congreso: Allende obtuvo 153 votos contra 35 Jorge Alessandri y 7 en blanco. El Congreso lo proclamó Presidente de la República, cargo que asumió el 3 de noviembre de 1970, iniciándose el plan para implantar el "*socialismo a la chilena*", consistente en los siguientes puntos:[17]

- Estatización de las áreas claves de la economía.
- Nacionalización de la gran minería del cobre.
- Aceleración de la reforma agraria.
- Congelamiento de los precios de las mercancías.
- Aumento de los salarios de todos los trabajadores.
- Modificación de la Constitución y creación de una cámara única.

Tal programa levantó de inmediato acciones en su contra por parte del Gobierno norteamericano y la oligarquía nacional, sobre todo la anunciada estatización de la economía, con la nacionalización de las empresas cupríferas y de grandes latifundios en el campo chileno. Como parte de la reforma agraria, en 1971 se llevó a cabo la expropiación de más de 2 millones de hectáreas, desencadenándose luego violentos enfrentamientos entre terratenientes y campesinos. Y en cuanto a la minería, en un discurso ante las Naciones Unidas Allende puntualizaría que las nacionalizadas empresas norteamericanas

---

[17] **Vial. 4**: *"¿Por qué fracasó el Plan Maestro de la UP para alcanzar el poder total?"*

Kennecott y *Anaconda* habían obtenido ganancias cercanas a los cuatro mil millones de dólares con la explotación de la riqueza nacional en las últimas décadas, por lo que no tenían que ser indemnizadas.[18]

En respuesta a las acciones nacionalizadoras, Richard Nixon promovió un boicot contra el gobierno de Allende mediante la negación de créditos externos, y ya a finales de 1971 aparecerían en el país los primeros problemas económicos, con señales de desabastecimiento. Miles de mujeres opositoras comenzaron a salir a las calles para protestar haciendo sonar cacerolas vacías en reclamo por la falta de alimentos, los llamados "*cacerolazos*".

También a finales de ese año se produjo la visita de Fidel Castro a Chile, donde recorrió el país durante un mes, lo que provocó molestias en la oposición al Gobierno socialista. Es conocido que el líder cubano manifestó en sus diálogos escepticismo sobre la "*vía pacífica de Allende hacia el socialismo*", estimando que jamás el imperialismo norteamericano y la burguesía interna permitirían semejante proceso. La previsión de Fidel Castro resultó acertada, pues la violencia política se agudizó cada vez más. Surgió el grupo

---

[18] Dos años después del golpe militar que puso fin al gobierno de Allende, la Junta Militar pagó una indemnización de 250 millones de dólares a la empresa *Anaconda*, propiedad de los monopolios norteamericanos *Rockefeller* y *Rothschild*.

ultranacionalista "*Patria y Libertad*", que emprendió acciones de sabotaje; las manifestaciones a favor o en contra del Gobierno continuaban sucediéndose, con enfrentamientos callejeros; las brigadas de choque, de uno y otro bando, empezaron a implantar un clima de intolerancia en el país; los medios de prensa opositora, en general con financiamiento de la *CIA*, atacaban sin cesar al Gobierno y llamaban a la desobediencia civil.

Ya para 1973 la economía chilena había dejado de crecer, generándose un déficit que afectó significativamente las condiciones de vida de la población. Las medidas de fijación oficial de precios, adoptadas por el Gobierno para evitar la especulación ante la escasez, trajeron consigo la proliferación del contrabando y el mercado negro, así como una política estatal de racionamiento mediante la asignación de canasta básica a las familias. La violencia callejera se extendió al sector estudiantil, cuando grupos de derecha se manifestaron frente al intento oficial de cambiar la educación tradicional en Chile hacia una basada en la concepción guevariana del "*hombre nuevo*".

En marzo de ese año tuvieron lugar elecciones parlamentarias, donde la oposición, agrupada en la *Confederación de la Democracia* (CODE) aspiraba a obtener dos tercios del Congreso a fin de poder destituir a Allende por vía legislativa, pero no lo lograron. En medio de la lucha política surgieron desacuerdos entre los partidos *Socialista* y *Comunista*, y estos con la *Democracia Cristiana*, lo cual puso en serio riesgo la gobernabilidad del país, frente a lo cual se encontraban las Fuerzas armadas, aún respetuosas del compromiso hecho por su difunto comandante René Schneider, de mantenerse al margen de toda intervención en la situación política, respetando la Constitución. Su entonces comandante, el general Carlos Prats, tampoco se hubiera plegado a las tentativas de un golpe de estado.

La tradicional imparcialidad del ejército se vio rota cuando, el 29 de junio de 1973, un regimiento blindado protagonizó una intentona con varios tanques contra el Palacio de la Moneda, que fue defendido personalmente por el general Prats, lográndose la rendición de los sublevados, con saldo de 22 muertos y 32 heridos. El 27 de julio fue asesinado el edecán naval del Presidente, capitán de navío Arturo Araya, por el grupo ultranacionalista *"Patria y Libertad"*, como parte de un plan mayor para tomar unidades navales y bombardear la ciudad de Valparaíso. Ante la crisis que ya llegaba hasta el sector militar, Allende llamó a los cuatro máximos representantes del mismo para integrar un Gabinete que denominó *"de Salvación nacional"*. Pero, un nuevo paro de transportistas colmó la copa del desabastecimiento y Allende, ante la declarada incapacidad de la *"junta de salvación"* nombró como nuevo Comandante en jefe al general Gustavo Leigh.

Como resultado de la crisis institucional, que venía enfrentando a los poderes del Estado, y en el que ya habían intervenido fuerzas militares, el reaccionario *Partido Nacional* pretendió destituir de manera legal al Presidente y llamar a nuevas elecciones. El 22 de agosto de 1973 la Cámara de Diputados aprobó un acuerdo sobre "*el grave quebrantamiento del orden institucional y legal de la República*", en que acusaba al Gobierno de haber incurrido en graves violaciones en el plano del control económico y constitucional para instaurar un régimen totalitario que violaba la libertad de expresión y reprimía a sus opositores. Todas estas acciones fueron claros antecedentes del golpe de estado militar que se fraguaba.

Las Fuerzas Armadas chilenas estaban preparadas para una acción militar de esa naturaleza como parte de sus "*planes de contrainsurgencia*", para caso de subversión nacional que consideraran pusiese en peligro la seguridad del país. Sólo hacía falta que los diversos comandantes de amas llegasen al consenso de ejecutarlos bajo el mando de un oficial superior decidido a tal acción. Ya el 21 de agosto, como resultado de un incidente protagonizado por esposas de generales frente a la casa de Carlos Prats, este había renunciado a su cargo, por lo que el día 23 Allende nombró como nuevo Comandante en jefe al general Augusto Pinochet, con lo que, sin saberlo, completó la necesaria cabeza militar para el golpe de estado.

En la búsqueda de soluciones a la crisis, el Presidente consultó con el *Tribunal Constitucional* su propuesta de llevar a cabo un plebiscito sobre su gobierno, en contra de lo cual se pronunciaron los partidos integrantes de la *Unidad Popular*, por considerarlo un retroceso en los logros alcanzados en la arena política. Nuevamente lo intentó a inicios de septiembre, pudiendo lograr la anuencia del *Partido Socialista* en la noche del 10 de septiembre, cuando analizó con sus ministros y colaboradores cercanos la convocatoria nacional al plebiscito. Pero ya la maquinaria del golpe de estado estaba en marcha. El tiempo del presidente Allende y su "*vía pacífica hacia el socialismo*" se había terminado...

En la madrugada del 11 de septiembre de 1973 la escuadra naval chilena, en maniobras internacionales *UNITAS*, regresó a Valparaíso y el ejército tomó la ciudad. Ante las noticias, Allende intentó comunicarse con los generales Pinochet y Leigh, pero no lo logró. Convencido de que ya estaba en marcha el esperado golpe de estado, se dirigió hacia el *Palacio de la Moneda* junto a un grupo de cercanos colaboradores, para organizar la resistencia. Portaba un fusil AK-47 que, premonitoriamente, le había obsequiado Fidel Castro.

Mientras los caudillos golpistas Pinochet y Leigh organizaban las redes de comunicaciones con el resto de las fuerzas armadas, el Director general de los Carabineros, general Sepúlveda, se presentó ante el Presidente y le aseguró la lealtad de ese cuerpo militar, ignorando que ya estaba bajo el control de los golpistas. La "*Cadena Democrática*", formada por emisoras radiales al servicio de los insubordinados, emitió la primera proclama, en la que se instaba al Presidente a entregar su cargo a la *Junta de Gobierno* integrada por los mandos militares sublevados, con un ultimátum hasta las 11 de la mañana. De no acatarlo, el *Palacio de la Moneda* sería atacado por tierra y aire.

Ante la propuesta de los sublevados, de sacarlo del país, Allende se negó a la rendición, y con el comienzo de las acciones por parte de francotiradores leales contra tanques militares, a las 10:15 envió a través de la *"Radio Magallanes"*, única leal al gobierno, aún en el aire, su último mensaje a la nación:[19]

> *Mis palabras no tienen amargura sino decepción. Que sean ellas un castigo moral para quienes han traicionado su juramento: soldados de Chile... Colocado en un tránsito histórico, pagaré con mi vida la lealtad al pueblo. Y les digo que tengo la certeza de que la semilla que hemos entregado a la conciencia digna de miles y miles de chilenos, no podrá ser segada definitivamente. Tienen la fuerza, podrán avasallarnos, pero no se detienen los procesos sociales ni con el crimen ni con la fuerza. La historia es nuestra y la hacen los pueblos. Me dirijo a la juventud, a aquellos que cantaron y entregaron su alegría y su espíritu de lucha. Me dirijo al hombre de Chile, al obrero, al campesino, al intelectual, a aquellos*

---

[19] https://www.semana.com/mundo/articulo/recuerde-ultimas-palabras-salvador-allende/238444-3

que serán perseguidos, porque en nuestro país el fascismo ya estuvo hace muchas horas presente; en los atentados terroristas, volando los puentes, cortando las vías férreas, destruyendo lo oleoductos y los gaseoductos, frente al silencio de quienes tenían la obligación de proceder. Estaban comprometidos. La historia los juzgará.

Seguramente Radio Magallanes será acallada y el metal tranquilo de mi voz ya no llegará a ustedes. No importa. La seguirán oyendo. Siempre estaré junto a ustedes. Por lo menos mi recuerdo será el de un hombre digno que fue leal con la Patria.

El pueblo debe defenderse, pero no sacrificarse. El pueblo no debe dejarse arrasar ni acribillar, pero tampoco puede humillarse. Trabajadores de mi Patria, tengo fe en Chile y su destino. Superarán otros hombres este momento gris y amargo en el que la traición pretende imponerse. Sigan ustedes sabiendo que, mucho más temprano que tarde, de nuevo se abrirán las grandes alamedas por donde pase el hombre libre, para construir una sociedad mejor.

¡Viva Chile! ¡Viva el pueblo! ¡Vivan los trabajadores!

A las 11:52 la aviación militar, con cazabombarderos Hawker Hunter, comenzó el feroz ataque a la edificación donde un puñado de hombres combatía al lado del Presidente.

149

Sometidos al asedio con gases lacrimógenos y ante el avance de un pelotón de soldados que derribó la puerta principal, Allende decide rendirse para evitar más derramamiento de sangre. Entonces, sentado en una butaca, apoya el cañón de su fusil en su barbilla y hace un disparo para entrar definitivamente en la historia. El experimento del *"socialismo por la vía chilena"* había muerto junto al presidente Salvador Allende, iniciándose en Chile diecisiete años de férrea dictadura militar.

El gobierno del general Augusto Pinochet en Chile, desde 1973 hasta 1990, contó con el apoyo político y económico de Estados Unidos, lo que propició una restauración neoliberal del país. Los ricos llegaron a ser más ricos y los pobres más pobres, con la implantación de políticas dictadas por el *FMI* y el *Banco Mundial*. Su dictadura (acostumbraba a calificarla como *"dictablanda"*) se erigió sobre los huesos de más de 3 mil víctimas, y la sangre de decenas de miles de personas torturadas. Recibió la reacción del pueblo chileno de diversas formas, incluyendo un atentado contra su vida con el uso de lanzagranadas y ametralladoras, el 7 de septiembre de 1986, ejecutado por el *"Frente Patriótico Manuel Rodríguez"* (FPMR), creado en 1983 con apoyo logístico cubano, del que logró salir milagrosamente ileso, para declarar, en respuesta, el estado de sitio nacional e incrementar la represión. Abandonó la jefatura del Estado en 1990, cuando fue sustituido por Patricio Aylwin, dentro de la reformista tendencia de *"retorno a la democracia"* que puso fin a varias dictaduras militares en América Latina a fines del siglo XX.

Observando a través del prisma histórico, ¿qué causas esenciales provocaron que el sueño de *"implementar un socialismo a la chilena, de realizar una revolución sin insurrección"*, fuese brutalmente robado por la violencia militar en Chile...? Evidentemente, los Estados Unidos de Norteamérica, con su política injerencista basada en la anacrónica *Doctrina Monroe (¡América para los americanos!)* reafirmaron una vez más su intención de impedir, de cualquier modo, que alguna nación de su *esfera de influencia* se apartase de la voluntad imperial, a lo que aportaron su complacencia la oligarquía nacional chilena y sus fuerzas militares, rompiendo un pacto de respeto constitucional con la nación, vigente durante décadas.

Pero ciertamente, el opio de las utopías bloqueó a la dirección revolucionaria chilena el sentido de la racionalidad en la apreciación histórica, error que debieron pagar al costo de las vidas de Salvador Allende y de todos quienes sucumbieron ante la violencia desencadenada por una burguesía con una mayor comprensión de la realidad...

9/ COLOMBIA: EL FIN DE LAS GUERRILLAS

Es uno de los países más ricos y exuberantes del continente, privilegiado por ser el único en América del Sur con costas en los océanos Atlántico y Pacífico. La presencia, en su región suroriental, de la floresta amazónica, la convierte en la segunda nación con mayor biodiversidad en el planeta, contando con casi 55 mil especies animales registradas. El extremo norte de la gran cordillera andina, que forma la columna vertebral del país, lo dota de grandes nevados y volcanes. Sus extensos valles y planicies, regados por caudalosos ríos como el Cauca y el Magdalena, brindan singular fertilidad a sus tierras. Densos bosques tropicales se extienden en gran parte de su geografía, hasta sus fronteras del sur. Con 46.6 millones de habitantes en la actualidad, su población es resultado de la mezcla entre españoles y afrodescendientes, y los pocos pueblos indígenas que quedan en recónditos parajes son olvidados y sus costumbres desaparecen. Pero, la *República de Colombia* (su nombre oficial) es más conocida principalmente por dos cosas: haber sido la cuna del imperio de la droga creado por Pablo Escobar a mediados del siglo XX, con repercusiones en todo el mundo; y ser el último escenario de la lucha armada protagonizada por ejércitos guerrilleros, a la que se puso fin oficialmente con controversiales acuerdos de paz asumidos a inicios del siglo XXI.

¿Cómo se iniciaron ambos hechos en lo que fuera, durante los primeros años del siglo XIX, escenario político y militar de la gesta independentista encabezada por Simón Bolívar contra la dominación colonial española en América? Tras la muerte de Bolívar en 1830, y con él, del sueño integracionista latinoamericano, la *Gran Colombia*, conformada luego de la independencia de España por las actuales Venezuela, Colombia, Ecuador y Panamá, se fragmentó bajo las caudillistas ansias de poder de líderes locales, y en 1832 se creó la *República de Nueva Granada*, sólo con Colombia y Panamá, que desde sus inicios se vio sumergida en conflictos y guerras civiles por el poder político. Y así hasta 1903, cuando se produjo la separación de Panamá como nación independiente bajo el auspicio de Estados Unidos (¡otra vez!), que ya tenían su aguda vista imperial puesta en las condiciones geográficas del istmo para construir el futuro canal interoceánico.

Colombia y Perú protagonizaron un conflicto armado entre 1932 y 1934, debido a diferendos fronterizos en la región amazónica, que se zanjó por vía diplomática mediante el denominado *Protocolo de Río de Janeiro*. De modo que desde sus primeras etapas republicanas la nación colombiana estuvo signada por la *violencia*, como su destino. Y aunque esta ya se manifestaba en diversos grados tanto en las zonas urbanas como rurales, por la brutal lucha de clases entre explotadores y explotados, tuvo su máximo estallido en 1948, en torno al asesinato del líder liberal y candidato a la Presidencia de la república, Jorge Eliécer Gaitán, fundador de la *Unión Nacional de Izquierda Revolucionaria*, en Colombia.

Al mediodía del 9 de abril de 1948 salió de su despacho en una de las principales vías de Bogotá. Iba a almorzar, para luego acudir a su cita con un joven dirigente estudiantil cubano de visita en la ciudad, Fidel Castro (¡otra vez!). Caminó varios metros, cuando un desconocido le asestó tres disparos, por los que murió mientras era asistido en un hospital. Cuando se conoció públicamente la noticia comenzaron las acciones de violencia popular: se asaltaron comercios y se quemaron tranvías, la ciudad se convirtió en escenario de una batalla campal, y los manifestantes terminaron dando muerte al ejecutor del magnicidio.

Como han escrito algunos autores, aquellos disparos partieron en dos el destino de Colombia. Gaitán representaba la esperanza popular frente a la explotación capitalista. Una vez más en la historia, la oligarquía cometió un grave error con su asesinato para sacarlo de la arena política. La reacción que comenzó en Bogotá se extendió por todo el país, y el enfrentamiento entre liberales y conservadores se radicalizó, iniciándose un período conocido como "*la Violencia*", extendido hasta fines de la década del 50, con un saldo de 200 mil muertos, y donde actuaron grupos armados que fueron génesis de futuros movimientos guerrilleros.

En 1957 se creó el *Frente Nacional*, como un arreglo que puso fin al enfrentamiento entre liberales y conservadores. Pero la semilla de la insurgencia ya estaba sembrada y pronto fructificaría. En 1964 un grupo armado de unos 50 militantes de izquierda se refugió en una inhóspita región central de la cordillera, nombrada *Marquetalia*, teniendo como cabecilla a Manuel Marulanda Vélez, conocido como "*Tirofijo*", proveniente de las bandas liberales. Sería el núcleo de las *Fuerzas Armadas Revolucionarias de Colombia (FARC)*, que llegarían a ser la guerrilla más longeva de Latinoamérica. Otras agrupaciones guerrilleras surgirían posteriormente: el *Ejército de Liberación Nacional (ELN)*, inspirado en la revolución cubana, en 1965; el *Ejército Popular de Liberación (EPL),* de tendencia maoísta, en 1967; el *M-19*, dedicado principalmente a la lucha urbana, en 1970...

Paralelamente con este proceso armado, de corte político, se fue produciendo en Colombia otro, también armado, pero con carácter delincuencial: la producción y comercialización de drogas.

El uso de la hoja de coca, y otras plantas, como estimulantes psicotrópicos ha formado parte del modo de vida de comunidades indígenas sudamericanas desde tiempos ancestrales. En la segunda mitad del siglo XX, con el estallido de la violencia en Colombia crece el abandono de zonas campesinas por familias que se refugian en las ciudades huyendo del conflicto, lo que deja despobladas enormes extensiones rurales, pronto convertidas en sitios adecuados para fomentar cultivos ilícitos. Se achaca a los denominados "*Cuerpos de Paz*", agrupaciones misioneras para la difusión de la fe y el fomento de conductas de meditación mística, generalmente integradas por ciudadanos estadounidenses y europeos, la labor de enseñar a campesinos colombianos la fabricación de cocaína con el procesamiento de la hoja de coca, lo cual, junto al consumo de marihuana, ya resultaba práctica generalizada en los Estados Unidos de Norteamérica, convertidos en apetecible mercado para el naciente negocio del tráfico de narcóticos.

Inicialmente las principales fuentes de abastecimiento de cocaína eran Bolivia y Perú, por la tradición andina del cultivo y consumo de coca. Pero a inicios de los años 70 la región colombiana de Medellín fue el escenario donde se fomentó una creciente industria local de narcóticos, acometida por grupos de individuos que actuaban al margen de la ley, asociados para competir violentamente entre sí y contra grupos delincuenciales de otros sitios del país, surgiendo el denominado "*Cartel de Medellín*". El más destacados de aquellos personajes sería Pablo Escobar.

Durante su reinado, Pablo Escobar se erigió en el principal capo de la droga, no sólo de Colombia, sino en todo el mundo. Construyó a sangre y fuego un imperio delincuencial sustentado por millones de dólares y por la violencia desatada contra sus adversarios y contra el Estado colombiano, llevando a cabo atentados dinamiteros indiscriminados, secuestros, sobornos y asesinatos selectivos (hizo matar a jefes policiales, jueces, fiscales, periodistas y candidatos presidenciales) a una escala jamás vista. Expandió sus rutas a través de México, Nicaragua y Cuba, con la complicidad de autoridades de dichos países, además de abrir nuevos mercados en Europa. El "*Cartel de Medellín*" mantuvo, hasta su disolución a inicios de los años 90, el control y la distribución de los envíos de cocaína hacia Estados Unidos y otros destinos, controlando cerca del 95% de la droga que se comercializaba en el planeta.

En la intrincada floresta colombiana, los narcotraficantes dispusieron no sólo campos de cultivo de marihuana y coca, sino también laboratorios para la elaboración de cocaína, grandes almacenes camuflados, e incluso pistas de aviación para el envío de la mercancía a sus destinos. Era, pues, inevitable, que entrasen en contacto con las fuerzas guerrilleras que operaban en idénticos escenarios. Como la presencia armada de las mismas constituía un freno al accionar de las unidades militares y policiales, se estableció entre guerrillas y narcos un pacto conveniente: los primeros actuaban como fuerza de protección para los segundos, y estos a cambio les aportaban recursos financieros para su armamento y supervivencia. Se instauró así lo que se conoce como *narcoguerrilla*...

Dentro del quehacer de la guerrilla estaba el secuestro y la extorsión a familias pudientes en las zonas donde operaba, para obtener recursos financieros. Como respuesta, se crearon grupos armados de autodefensa para enfrentar a los guerrilleros.

En 1979 las *FARC* secuestraron en Amalfi, Antioquia, a Jesús Castaño, padre de los hermanos Castaño Gil, torturándolo y asesinándolo. Sus hijos, Vicente, Fidel y Carlos, crearon en 1980 el núcleo de lo que serían las *Autodefensas Unidas de Colombia (AUC)*, agrupación armada paramilitar que combatió ferozmente a los guerrilleros, en complicidad con el ejército, pero sembrando el terror con métodos que alcanzaron a pobladores campesinos que acusaban de apoyar a las guerrillas.

Así, el panorama de la *violencia* se complejizó en Colombia, desatada por grupos irregulares que actuaban al margen de la ley: las guerrillas, los narcotraficantes y los paramilitares. Semejante polarización del conflicto le hizo perder sus causas y justificaciones políticas, deviniendo en un feroz enfrentamiento con motivos de dominación territorial y búsqueda de riqueza, y haciendo cada vez más difícil la pretensión de soluciones pacíficas. Un ejemplo de ello fue la desmovilización del *M-19* como fuerza beligerante...

El *Movimiento 19 de abril* (conocido como *M-19*) fue una organización de la izquierda colombiana fundada en esa misma fecha del año 1970, con la línea política de implementar un *socialismo democrático*. Formada por miembros del sector estudiantil e intelectuales, centró su accionar en las ciudades, principalmente en la capital del país. Uno de sus hechos más publicitados fue el robo de la espada de Simón Bolívar, del sitio en Bogotá donde se custodiaba la reliquia, el 17 de enero de 1974, con la consigna: *"Bolívar, tu espada vuelve a la lucha. Con el pueblo, con las armas, al poder"*. Pero, sin dudas, su acción más audaz fue la ocupación del Palacio de Justicia, en el centro de Bogotá, el 6 de noviembre de 1985, con el trágico saldo de 53 civiles muertos, entre ellos varios magistrados de la *Corte Suprema de Justicia*, además de los miembros del comando guerrillero.

En marzo de 1990 el *M-19* decidió su desmovilización armada y se convirtió en el movimiento denominado *Alianza Democrática M-19*, cambiando su posición ideológica hacia el centro-izquierda, con la voluntad de participar en la lucha electoral. Pero el abandono de las armas traería consecuencias para los devenidos en políticos, pues las fuerzas anti insurgentes que fueron durante años sus enemigos decidieron aprovechar la situación y ajustar cuentas. El asesinato del candidato presidencial de la *ADM-19*, Carlos Pizarro, el 26 de abril de 1990, estando a bordo de un avión en viaje de Bogotá a Barranquilla, así como de decenas de exguerrilleros agrupados en la *Unión Patriótica* para la lucha electoral, puso en tela de juicio la conveniencia de pretender arreglos al conflicto mediante la desmovilización armada, pues evidenció que el Estado colombiano no tenía la posibilidad de brindar seguridad a quienes optasen por la vía política, experiencia que marcó en lo adelante todo intento por pacificar al país.

En el ámbito delincuencial, el *"Cartel de Medellín"*, enfrascado en destructiva guerra contra su competidor, el *"Cartel de Cali"*, contra el Estado colombiano, e incluso contra los

159

paramilitares, que habían creado en 1981 el grupo armado denominado *MAS* ("*Muerte a Secuestradores*"), sufrió un golpe definitivo el 2 de diciembre de 1993, cuando su cabecilla, Pablo Escobar, fue abatido por un comando de 20 hombres en un barrio residencial de Medellín, donde se había escondido de la tenaz persecución a que le sometió el llamado "*Grupo de búsqueda*" creado por las fuerzas gubernamentales con apoyo de inteligencia brindada por la *DEA* de Estados Unidos y la colaboración del *MAS*.

Un intento del Estado colombiano para acordar la paz con las *FARC* se protagonizó entre 1998 y 2002 con un largo, y al final infructuoso, proceso negociador entre el Gobierno, encabezado por el presidente Andrés Pastrana, y la *Comandancia de las FARC*, encabezada por Manuel Marulanda, en la declarada zona desmilitarizada de San Vicente del Caguán. Más que un verdadero intento por alcanzar la paz, las negociaciones fueron una especie de juego al "*tira y encoge*", donde ambas partes estuvieron siempre más dispuestas a exigir que a ceder. La contradictoria imagen de los jefes guerrilleros sentados en la mesa de diálogo con sus AK-47 entre las manos era un símbolo de que renunciar al lenguaje de las armas no estaba entre sus intenciones. La continuación de operaciones del ejército contra zonas de supuesta presencia guerrillera demostraba, por otra parte, que los militares mantenían la decisión de alcanzar una victoria contrainsurgente total.

En el decursar de los diálogos ocurrieron incidentes de toda índole: choques armados, secuestros por parte de la guerrilla, rupturas del alto al fuego, declaraciones acusatorias por ambas partes... y en febrero de 2002 se puso fin a los diálogos. A la fecha, las *FARC* habían alcanzado su mayor capacidad militar, con unos 20 mil combatientes sobre las armas. El conflicto armado se recrudeció, con la intensificación de las acciones militares, apoyadas logísticamente por Estados Unidos mediante el denominado *"Plan Colombia"* (con el que se inyectaron al país 10 mil millones de dólares en 15 años). Las fuerzas paramilitares también recrudecieron su accionar, y así, en los meses posteriores a la recuperación del Caguán 163 pobladores fueron asesinados por colaborar con la guerrilla durante su presencia en la zona desmilitarizada.

Las *Autodefensas Unidas de Colombia (AUC)*, como principal fuerza paramilitar, a fines del siglo XX también se vieron seriamente afectadas, más por conflictos internos que por el accionar de sus adversarios, lo que provocó que su principal cabecilla, Carlos Castaño Gil, fuese asesinado por orden de su hermano Vicente, que junto a otros jefes ya había decidido entrar en negociaciones con el gobierno del nuevo presidente colombiano, Álvaro Uribe Vélez, para su desmovilización, lo cual se inició el 25 de noviembre de 2003 en Medellín.

De modo que a inicios del siglo XXI la situación de la *violencia* en Colombia presentaba un panorama esperanzador. Con la desaparición de los más poderosos carteles colombianos de la droga, el eje del narcotráfico se había desplazado a México; el paramilitarismo se iba sepultando por sus propias contradicciones, con varios de sus cabecillas cumpliendo prisión en Estados Unidos; y las guerrillas estaban empantanadas en una lucha sin futuro, con el agravante de que su jefe histórico, Manuel Marulanda, falleciera el 26 de marzo de 2008, y en breve tiempo varios de sus lugartenientes sucumbieron en bombardeos y otras acciones del ejército. El potencial de efectivos de las *FARC* se vio diezmado a unos 7 mil combatientes. Los gobiernos de Álvaro Uribe, promoviendo la intensificación de las operaciones militares, y de Juan Manuel Santos, decidido a nuevas gestiones de paz, marcaron dos etapas significativamente opuestas en el panorama nacional.

Lo cierto es que, a pesar de sus logros en el campo militar, las fuerzas gubernamentales no eran capaces de poder derrotar definitivamente a las guerrillas en el corto o mediano plazo, con lo que la guerra podría extenderse indefinidamente, a lo que se oponía la población colombiana, que sufría la *violencia* en primer término. Pero igualmente era evidente que la aspiración de conquistar el poder mediante las armas resultaba una quimera irrealizable, sobre todo en tiempos donde el movimiento guerrillero había perdido sus fundamentos políticos y no contaba con aprobación popular debido a sus vínculos con el narcotráfico. En resumen, la situación bélica se transformó en un absoluto empate. La voluntad negociadora del presidente Juan Manuel Santos fue decisiva para que, en 2012, se iniciara un acercamiento definitivo al diálogo entre ambos beligerantes, a fin de adoptar decisiones de paz que pusiesen fin a un conflicto armado con 50 años de duración...

Al respecto, en su discurso de instalación del Congreso, el 20 de julio de 2014, declaró: *"La paz es el valor supremo de toda la sociedad y en su construcción cabemos todos. No pienso en absoluto que los que no acompañaron mi candidatura estén en contra de la paz. Por supuesto que la quieren. No hay colombiano en su sano juicio que no la desee. Superaremos odios y desconfianzas para unirnos por la paz"*. Y en su discurso de toma de posesión para el mandato presidencial 2014-2018 hizo un llamamiento a toda la nación *"para un pacto social que tome lo mejor de la izquierda y de la derecha, seguir avanzando en una agenda de justicia social y construcción de paz..."* [20]

Las negociaciones entre los altos representantes del Gobierno colombiano y de la *Comandancia de las FARC* se iniciaron formalmente en Oslo, a inicios de 2012, con Cuba y Noruega como garantes, y el apoyo de Venezuela y Chile, países escogidos por mutuo acuerdo entre ambas partes. En agosto de ese año, según denuncia hecha por el expresidente Álvaro Uribe, abiertamente opuesto a las negociaciones, se conoció que, al margen de los contactos en Oslo, el Gobierno y las *FARC* estaban sosteniendo encuentros clandestinos en

---

[20] Recuperado de:
http://biblioteca.ucp.edu.co/Descargas/core/documentos/2.pdf

Cuba, Finalmente el escenario de los diálogos se trasladó oficial y definitivamente a la capital cubana.

Muchos fueron los temas sobre la situación económica y social del país, objeto de debate en las conversaciones entre ambos bandos beligerantes durante algunos años, con frecuentes fluctuaciones marcadas por desacuerdos, la violación de decisiones parciales, y el mantenimiento del clima bélico. Hasta que el 23 de junio de 2016 se llegó a un acuerdo crucial: el cese bilateral de las hostilidades, seguido por el desarme total de la organización guerrillera, bajo verificación de la *ONU*, en un plazo máximo de 180 días a partir de la firma del acuerdo de paz, hecho culminante que tuvo lugar el 26 de septiembre de 2016 en la ciudad colombiana de Cartagena.

Pero no todo estaba ya resuelto. La oposición a las conversaciones desde las filas uribistas y su manipulación propagandística provocaron que, en un plebiscito para la aprobación popular del acuerdo, efectuado el 2 de octubre de ese año, la opción NO resultase ganadora. Fue preciso retomar el diálogo *Gobierno-FARC* para buscar nuevos consensos que zanjasen las discrepancias, tomando en consideración las objeciones de los opositores, lo cual se logró con buena voluntad por ambas partes. De modo que la versión final del acuerdo fue ratificada por el Senado y la Cámara de Representantes el 29 y 30 de noviembre de 2016.

El desarme de la mayor y más antigua agrupación guerrillera en Latinoamérica se culminó el 27 de junio de 2017, con un total de 7132 armas de combate entregadas. Su definición posterior como movimiento político para participar en la contienda electoral, con el nombre de *"Fuerza Alternativa Revolucionaria del Común"* (denominación traída por los pelos para mantener vivo el acrónimo *FARC* con que se conoció a la organización durante décadas), marca el final de las guerrillas en América Latina. No obstante, la *violencia* armada prosigue en Colombia. El *Ejército de Liberación Nacional (ELN)* aún está en operaciones, aunque su jefatura ya manifestó la voluntad de dialogar con el Gobierno; grupos paramilitares, ya calificados como *"bandas criminales"*, asolan regiones apartadas del país, negociando con narcotraficantes; y algunas fuerzas disidentes de las *FARC*, desconociendo los acuerdos de paz, pretenden recuperar la antigua capacidad ofensiva de la guerrilla. Son consecuencias de la inestabilidad que caracteriza a las sociedades latinoamericanas en medio de las grandes desigualdades a que las condena el *capitalismo*.

En la arena política, el flamante partido *FARC* sufrió una dura derrota en las elecciones legislativas de marzo de 2018, mientras pretende limpiar su imagen y captar el favor popular, demasiado dañado por muchos años de *violencia* extrema, que dejaron al país más de 260 mil muertos, decenas de miles de desaparecidos, y millones de desplazados por el conflicto, a lo cual se une que varias de sus figuras políticas, antiguos comandantes guerrilleros, se ven bajo amenaza de la Ley, acusados de graves delitos contra pobladores en zonas de combates, vínculos con el narcotráfico, secuestros y extorsiones. Tales hechos legales, al decir de Iván Márquez, ex vocero de las *FARC* en el proceso de paz "*lo sitúan en su punto más crítico y lo amenazan con convertirlo en un fiasco*", entre otras cosas, por las dificultades que enfrentan los antiguos guerrilleros para incorporarse a una vida normal, definitivamente apartados de las armas.

La revolución en Colombia no fue robada en ningún modo, pues no llegó a concretarse como tal. Más bien, murió por agotamiento físico, bajo el peso de los años y de sus errores ideológicos, que le impidieron mantenerse en pie y avanzar hacia las metas que alguna vez motivaron a sus iniciales promotores. Sus protagonistas, de uno y otro bando, viven hoy la incertidumbre del futuro del país, cuando las causas que originaron hace décadas la *violencia* se mantienen intactas, pero la amarga experiencia vivida agotó la voluntad de pretender erradicarlas.

Como un mítico personaje de su gran escritor García Márquez en "*Cien años de soledad*", el pueblo colombiano repasa hoy su historia, donde las profundas heridas de la violencia pueden tardar demasiado tiempo en curar, y siempre dejarán horribles y dolorosas cicatrices…

"Macondo era ya un pavoroso remolino de polvo y escombros centrifugado por la cólera del huracán bíblico, cuando Aureliano saltó once páginas para no perder el tiempo en hechos demasiado conocidos, y

empezó a descifrar el instante que estaba viviendo, descifrándolo a medida que lo vivía, profetizándose a sí mismo en el acto de descifrar la última página de los pergaminos, como si se estuviera viendo en un espejo hablado. Entonces dio otro salto para anticiparse a las predicciones y averiguar la fecha y las circunstancias de su muerte. Sin embargo, antes de llegar al verso final ya había comprendido que no saldría jamás de ese cuarto, pues estaba previsto que la ciudad de los espejos (o los espejismos) sería arrasada por el viento y desterrada de la memoria de los hombres en el instante en que Aureliano Babilonia acabara de descifrar los pergaminos, y que todo lo escrito en ellos era irrepetible desde siempre y para siempre porque las estirpes condenadas a cien años de soledad no tenían una segunda oportunidad sobre la tierra."

10/ VENEZUELA: EL SOCIALISMO DEL SIGLO XXI

Los empeños de transformación social en Latinoamérica desde siempre han enrolado en sus causas a políticos e intelectuales, provenientes, como ya se dijo, sobre todo de clases medias, miembros de la *burguesía* que, tal vez en momentos de exámenes de conciencias, optaron por ponerse al lado de los desposeídos y erigirse en líderes populares. Pero, en el siglo XX fue destacado el papel que en este aspecto jugaron actores pertenecientes a un sector por definición apolítico y que cuando intervienen en asuntos de Estado, tradicionalmente lo hacen subordinados a los poderosos: los *militares*...

Tras la experiencia independentista en el siglo XIX, cuando caudillos marciales jugaron el papel principal en la conformación de las nuevas naciones americanas, así como en las maniobras caudillistas posteriores, cuando estos y otros se empeñaron en deshacer las uniones entre naciones, para someterlas a sus ambiciones personales, el papel de los militares del continente en asuntos políticos se ha orientado, lastimosamente, a ser ejecutores de golpes de estado, asaltos armados al poder para frustrar la voluntad popular e instaurar regímenes dictatoriales que ensombrecieron el panorama latinoamericano durante las décadas del 60 al 80 del pasado siglo.

El primer caso contrario al que quiero referirme es el de Juan Domingo Perón, en Argentina. Tomaré prestado este resumen de su vida y obra...[21]

Juan Domingo Perón (Lobos, 8 de octubre de 1895 - Vicente López, 1 de julio de 1974) fue un militar, político, escritor y presidente argentino, el primero en ser elegido por sufragio universal y el único en asumir la Presidencia de la Nación en tres ocasiones, todas por medio de elecciones democráticas. Fue el fundador del *peronismo*, uno de los movimientos populares más importantes de la historia de la Argentina. Participó en la *Revolución del 43*, que dio por terminada la llamada *Década infame*. Luego de establecer alianzas con corrientes sindicales socialistas y revolucionarias, ocupó la titularidad del Departamento de Trabajo, la Secretaría de Trabajo y Previsión, el Ministerio de Guerra y la Vicepresidencia de la Nación. Desde los dos primeros cargos tomó medidas para favorecer a los sectores obreros y hacer efectivas las leyes laborales: impulsó los convenios colectivos, el *Estatuto del Peón de Campo*, los tribunales del trabajo y la extensión de las jubilaciones a los empleados de comercio. Estas medidas le ganaron el apoyo de gran parte

---

[21] https://es.wikipedia.org/wiki/Juan_Domingo_Per%C3%B3n

del movimiento obrero, y el repudio de los sectores empresariales y del embajador de Estados Unidos Spruille Braden, por lo que se generó a partir de 1945 un amplio movimiento en su contra. En octubre de ese año, un golpe palaciego militar lo forzó a renunciar y luego dispuso su arresto, con lo que se desencadenó, el 17 de octubre de 1945, una gran movilización obrera que reclamó su liberación, hasta que la obtuvo. Ese mismo año se casó con María Eva Duarte, que desempeñó un papel político importante durante su presidencia.

Se presentó como candidato a presidente en las elecciones de 1946 y resultó triunfador. Tiempo después fusionó los tres partidos que habían sostenido su candidatura para crear primero el *Partido Único de la Revolución* y luego el *Partido Peronista*; tras la *Reforma Constitucional de 1949* fue reelegido en 1951 en las primeras elecciones con sufragio universal de mujeres y varones en Argentina. Además de continuar con sus políticas en pos de favorecer a los sectores más postergados, su gobierno se caracterizó por implementar una línea nacionalista e industrialista, sobre todo en lo tocante a la industria textil, siderúrgica, militar, de transporte y comercio exterior. En política internacional sostuvo una tercera posición ante la Unión Soviética y los Estados Unidos, en el marco de la *Guerra*

Fría. En el último año de su gobierno se enfrentó con la Iglesia Católica, acrecentándose la rivalidad entre peronistas y antiperonistas, y el gobierno endureció su persecución a los grupos terroristas y golpistas, a la oposición y a los medios de prensa opositores. Tras una serie de hechos de violencia por parte de grupos civiles y militares antiperonistas, especialmente del bombardeo de la *Plaza de Mayo* a mediados de 1955, fue derrocado en septiembre de ese mismo año.

Tras su derrocamiento Perón se exilió en Paraguay, Panamá, Santo Domingo, Nicaragua, Venezuela y finalmente en España. Viudo desde 1952, durante su exilio se casó con María Estela Martínez, conocida como "Isabel". En su ausencia surgió en Argentina un movimiento conocido como *"resistencia peronista"*, integrado por diversos grupos sindicales, juveniles, estudiantiles, barriales, religiosos, culturales y guerrilleros, que tenían como fin la vuelta de Perón y la convocatoria a elecciones libres. Intentó retornar al país en 1964, pero el presidente Arturo Illía lo impidió, solicitando a la dictadura militar gobernante en Brasil que lo detuviera y lo enviara de regreso a España. Retornó finalmente al país en 1972 para radicarse definitivamente en 1973. Con Perón aún proscrito, el *peronismo* ganó las elecciones en marzo de 1973, abriendo el período conocido como *"tercer peronismo"*.

Sectores internos del movimiento se enfrentaron políticamente y por medio de actos de violencia. Tras la llamada masacre de Ezeiza, Perón dio un amplio respaldo a los sectores "*ortodoxos*" de su partido, algunos de los cuales a su vez crearon el comando parapolicial conocido como "*Triple A*", destinado a perseguir y asesinar a militantes calificados de izquierda, peronistas y no peronistas. Un mes y medio después de asumir, el presidente Cámpora renunció y se convocó a nuevas elecciones sin proscripciones. Perón se presentó junto a su esposa como candidatos a Presidente y Vicepresidenta respectivamente, en septiembre de 1973, y logró un amplio triunfo. Pero falleció a mediados de 1974, dejando la Presidencia en manos de la Vicepresidenta, que fue derrocada sin haber terminado su mandato. El *peronismo* continuó existiendo y ha logrado varios triunfos electorales.

El segundo caso al que quiero referirme es el de Juan Velasco Alvarado, en Perú. Tomaré prestado este resumen de su vida y obra…[22]

Juan Francisco Velasco Alvarado (Piura, 16 de junio de 1910 - Lima, 24 de diciembre de 1977) fue militar y político peruano. Siendo jefe del *Comando Conjunto de*

---

[22] https://es.wikipedia.org/wiki/Juan_Velasco_Alvarado

las Fuerzas Armadas de Perú dirigió y ejecutó el golpe de Estado del 3 de octubre de 1968, que derrocó al presidente Fernando Belaúnde Terry. Ejerció la presidencia del Perú desde octubre de 1968 hasta agosto de 1975, con la llamada *Revolución de la Fuerza Armada,* hasta su destitución por el también militar Francisco Morales Bermúdez.

En el manifiesto que ese mismo 3 de octubre de 1968 dieron los militares, se publicó el Estatuto que regiría al autodenominado *Gobierno Revolucionario de las Fuerzas Armadas.* Se habló de "*un proceso requerido para llevar a cabo las grandes reformas que el país precisaba*". El 9 de octubre el Gobierno ordenó la toma de las instalaciones de la *International Petrolium Company (IPC)* en Talara, hecho que tuvo gran impacto en el país y ayudó al gobierno a consolidarse en el poder. Velasco conformó un gabinete compuesto por ministros militares y civiles. En líneas generales, su política se enfocó a nacionalizar los sectores claves de la economía por medio de medidas proteccionistas e intervencionistas. Se rodeó de muchos civiles de notoria filiación izquierdista. Entre las principales obras de su gobierno pueden mencionarse:

- Nacionalizó la Banca Nacional. disponiendo que el 75% del accionariado debía estar en manos peruanas.

173

- Nacionalizó los recursos mineros del país: expropió los yacimientos petrolíferos de Talara, así como las explotaciones e instalaciones de *Cerro de Pasco Corporation* y *Marcona Mining*.

- El 29 de junio de 1969 se dispuso una reforma agraria en todo el país con el objetivo de poner fin a la oligarquía terrateniente.

- Estatizó la industria pesquera y creó el Ministerio de Pesquería. La pesquería se orientó al consumo humano, con lo que se mejoró la alimentación de la población

- Para distribuir los alimentos producidos por las cooperativas agrarias creadas por la revolución se creó el Ministerio de Alimentación, que gestionó convenios para importar alimentos al país.

- La reforma del sector industrial se hizo por medio de la Ley General de Industrias, que creó la *"comunidad industrial"*. Esta involucraba a todos los trabajadores de una empresa, quienes debían participar en las utilidades, la gestión y administración de la misma.

- Impuso un control directo del Estado sobre las telecomunicaciones. La *Compañía Peruana de Teléfonos* fue expropiada y el Estado asumió una participación mayoritaria en la radio y la televisión.

- Igualó los derechos de los hijos legítimos y naturales ante la ley.

- Impuso fuertes restricciones a la libertad de prensa, confiscando todos los diarios de la capital y también en provincias.

- Las Fuerzas Armadas fueron equipadas con moderno armamento adquirido de la Unión Soviética, convirtiéndose en una de las mejores de América Latina.

- Con el fin de movilizar organizadamente a la población y controlar las movilizaciones sociales, creó en 1972 el *Sistema Nacional de Apoyo a la Movilización Social (SINAMOS),* que pronto actuó como una entidad política al servicio del gobierno revolucionario

- En el ámbito internacional, promovió una política de no alineación, bajo el lema "*ni con el capitalismo ni con el comunismo*".

- En 1972 decretó una reforma educativa que previó la educación bilingüe para los peruanos.

- En 1973 se dio el *Reglamento de Educación Bilingüe,* y el 27 de mayo de 1975 se reconoce al quechua como lengua oficial de la República, junto al castellano, editándose seis gramáticas y sus respectivos diccionarios para los diversos dialectos.

El tercer caso al que quiero referirme es el de Omar Torrijos Herrera, en Panamá. Tomaré prestado este resumen de su vida y obra...[23]

Omar Efraín Torrijos Herrera (Santiago, 13 de febrero de 1929 – Cerro Marta, Coclé, Panamá, 31 de julio de 1981) fue oficial del Ejército panameño. En 1959, siendo capitán de la Guardia Nacional, le fue encomendado sofocar un alzamiento armado de jóvenes insurgentes en el Cerro Tute en la provincia de Veraguas. Ascendió a teniente coronel en 1966 y en 1968 encabezó el golpe de Estado contra del presidente Arnulfo Arias Madrid. Fue líder de la República de Panamá desde 1968 hasta 1981, disolviendo los partidos políticos existentes.

Bajo estas condiciones el régimen de Torrijos llamó a elecciones para crear una *Asamblea Constituyente* que redactaría una nueva Constitución en 1972, la cual en su artículo 277 reconocía a Torrijos como líder máximo de la revolución panameña y le dio poderes casi absolutos. Instituyó un gobierno de corte populista. Llevó a cabo la inauguración de escuelas, la redistribución de tierras agrícolas y la creación de empleos. Las reformas fueron acompañadas por un ambicioso programa de obras públicas. Durante la

---

[23] https://es.wikipedia.org/wiki/Omar_Torrijos_Herrera

administración del general Omar Torrijos se puso en práctica una política económica liberal que convirtió a Panamá en un centro bancario internacional. Fue intolerante con la oposición política y hubo dirigentes opositores encarcelados, exiliados o asesinados.

Impulsó los tratados por el Canal de Panamá con Estados Unidos, posteriormente conocidos como *Torrijos-Carter*, firmados el 7 de septiembre de 1977, por medio de los cuales se legalizan las bases militares en el país y se establece la neutralidad del Canal de Panamá, pero acordándose como fecha definitiva para su devolución el 31 de diciembre de 1999. Para que los tratados fueran aprobados por el Senado de los Estados Unidos, Panamá se vio en la necesidad de adoptar una apertura democrática, lo que se reflejó en la legalización de los partidos políticos, en una relativa liberalización periodística y en el regreso de varios exiliados políticos. Sin embargo, a los tratados se opuso gran parte de la población, pues no eran más que otra versión de los llamados *Robles-Johnson*, rechazados por Panamá en 1965, y precisamente porque, entre otras cosas, legalizaban la presencia de Estados Unidos en el territorio panameño. Finalmente, los tratados fueron aprobados por la mayoría del pueblo panameño y ratificados por ambos países.

Torrijos murió en un accidente aéreo, cuando la aeronave de la Fuerza Aérea Panameña en que viajaba se estrelló el viernes 31 de julio de 1981. La muerte de Torrijos generó cargos de magnicidio. John Perkins relató en su libro *"Confesiones de un sicario económico"* que la muerte de Torrijos no fue accidental. Según Perkins, fue asesinado por la agencia de inteligencia norteamericana (*CIA*), por las negociaciones entre Torrijos y un grupo de empresarios japoneses que se proponían la construcción de un canal a nivel del mar por Panamá. Pero, los documentos relacionados con el accidente desaparecieron durante la invasión a Panamá por EEUU en 1989. Torrijos murió poco después de la instalación de Ronald Reagan como Presidente de Estados Unidos y justo tres meses después de que el mandatario ecuatoriano Jaime Roldós Aguilera muriera en circunstancias similares.

El cuarto, y último, caso al que quiero referirme es el de Hugo Rafael Chávez Frías, en Venezuela. Tomaré prestado este resumen de su vida y obra...

Hugo Rafael Frías (Sabaneta, Barinas, Venezuela, 28 de julio de 1954 - Caracas, 5 de marzo de 2013) fue un político y militar venezolano, presidente de Venezuela desde el 2 de febrero de 1999 hasta su fallecimiento en 2013. Nacido en una familia de clase obrera, Chávez se convirtió en un oficial de carrera del Ejército. Tras desencantarse con el sistema político venezolano del momento, basado en el *Pacto de Punto fijo*, fundó el clandestino *Movimiento Bolivariano Revolucionario 200 (MBR-200)* a principios de la década del 80, al que encabezó en un fallido golpe de Estado contra el gobierno del presidente Carlos Andrés Pérez en 1992, por lo que fue encarcelado. Liberado de prisión en 1996, por un indulto del presidente Rafael Caldera, fundó el *Movimiento Quinta República* y fue elegido Presidente de Venezuela en las elecciones de 1998. Tras aprobarse una nueva constitución en 1999, Chávez centró sus políticas en implementar una serie de reformas sociales como parte de la llamada "*Revolución bolivariana*", descrita como un tipo de proceso socialista.

Fue reelegido nuevamente en el año 2000, y poco después enfrentó un fallido golpe de Estado en su contra en 2002, al que le siguió el llamado "*Paro petrolero*", que se prolongó hasta 2003. Al ganar el referéndum presidencial de 2004, es reelecto en las elecciones de 2006. Gracias a unos ingresos petroleros récord durante la década de 2000, su gobierno nacionalizó industrias estratégicas, creó los "*Consejos Comunales de participación democrática*" e implementó una serie de programas sociales conocidos como "*misiones bolivarianas*" para ampliar el acceso de la población a la alimentación, la vivienda, la sanidad y la educación. Con Venezuela recibiendo grandes beneficios por la venta de petróleo y con la caída de los índices de pobreza y las mejoras en la alfabetización y la igualdad de ingresos, la calidad de vida mejoró, principalmente entre 2003 y 2007.

Chávez volvió a obtener la victoria electoral en octubre de 2012, pero no pudo juramentarse como Presidente, debido a que la Asamblea Nacional de Venezuela pospuso la investidura para permitirle tratarse en Cuba del cáncer que padecía. Finalmente falleció en Caracas el 5 de marzo de 2013, a la edad de 58 años.

Al final de la presidencia de Chávez, en la década de 2010, la economía del país empezó a titubear, mientras que la pobreza, la inflación y la escasez se incrementaron, lo que sus críticos achacaron a las acciones económicas de su gobierno en años anteriores, como los controles de precios y un gasto "excesivo e insostenible". Durante su presidencia el país experimentó un aumento significativo de la criminalidad, especialmente de la tasa de homicidios y en sus últimos años aumentó la percepción de corrupción en el Gobierno y la policía.

A nivel internacional, Chávez se alineó con el gobierno de la República Popular China desde 1999, así como con el de Cuba presidido por Fidel y Raúl Castro, y los regímenes de izquierdas de Evo Morales (Bolivia), Rafael Correa (Ecuador), Tabaré Vázquez y Pepe Mujica (Uruguay), Lula da Silva (Brasil), Néstor Kirchner y Cristina Fernández (Argentina), y Daniel Ortega (Nicaragua). Su presidencia fue vista como parte de la llamada *"marea rosa"* de América Latina. Chávez definió su postura como *"antimperialista"*, se describía a sí mismo como marxista y fue un importante adversario de la política exterior de Estados Unidos y el *capitalismo neoliberal*. Apoyó la *integración latinoamericana* y jugó un papel decisivo en la creación de la *Unión de Naciones Suramericanas (UNASUR)*, la *Comunidad de Estados Latinoamericanos y Caribeños (CELAC)*, la *Alianza Bolivariana para los Pueblos de Nuestra América (ALBA)*, el *Banco del Sur* y la red de televisión regional *TeleSUR*. Sus ideas están relacionadas con el denominado *"socialismo del siglo XXI"*.

¿Qué es el *socialismo del siglo XXI*? Me permito citar...[24]

(...) es un concepto formulado en 1996 por el sociólogo alemán-mexicano Heinz Dieterich Steffan. El término adquirió difusión mundial desde que fue mencionado en un discurso por el entonces presidente

---

[24] https://es.wikipedia.org/wiki/Socialismo_del_siglo_XXI

de Venezuela, Hugo Chávez, el 30 de enero de 2005, en el *V Foro Social Mundial,* en Porto Alegre. Es un modelo revolucionario que se sustenta en cuatro ejes: *el desarrollismo democrático regional, la economía de equivalencias, la democracia participativa y protagónica, y las organizaciones de base.* Dieterich, en su obra *"Socialismo del Siglo XXI"* se funda en la visión de Carlos Marx sobre la dinámica social y la lucha de clases; revisa la teoría marxista con ánimo de actualizarla para el mundo de hoy, incorporando los avances del conocimiento, las experiencias de los intentos socialistas, develando sus limitaciones, entregando propuestas concretas tanto en la economía política como en la participación democrática de la ciudadanía para construir una sociedad libre de explotación. Resumiendo, supone que es necesario un reforzamiento radical del poder estatal controlado democráticamente por la sociedad, para avanzar al desarrollo. Su tesis es que el camino más expedito para alcanzar la sociedad justa que todos anhelamos es una alianza entre el socialismo y el liberalismo, una vez que el socialismo haya dejado a un lado al estatismo, y el liberalismo haya dejado a un lado al capitalismo.

La principal diferencia entre el *socialismo clásico* y esta nueva versión, es que para el siglo XXI se considera obsoleta e inconveniente la "*dictadura del proletariado*", que constituye la base de la construcción socialista proclamada por Marx y Engels, y ejecutada por *Lenin* en Rusia, así como copiada al pie de la letra por todos los posteriores regímenes totalitarios de izquierda en el planeta. El fracaso sistemático de tales intentos políticos, hayan alcanzado el poder por vía armada o mediante procesos electorales, demostró a los teóricos que algo andaba mal, y debía ser revisado y cambiado. El desplome de la URSS y del campo socialista, con su "socialismo real", a fines de los 90, fue una lección que de ningún modo se podía ignorar.

Es obvio que para Hugo Chávez, amante del proceso revolucionario cubano y fiel admirador de Fidel Castro, el modelo cubano de construcción socialista no era apropiado para llevarlo a su país, y en consecuencia se enroló en la nueva corriente de pensamiento promulgada por Dieterich. En primer término, debió considerar imposible, e inadecuado, pretender implantar en Venezuela un régimen al estilo castrista, considerando que su ascenso al poder se debió a métodos electorales, y no por la vía armada, insurreccional, como ocurrió con la revolución cubana. En segundo lugar, pudo cautivarle la idea de que el mejor camino para alcanzar la justicia social es la alianza entre un *socialismo* renovado, no totalitario, y un *liberalismo* no basado en el predominio del capital sobre los seres humanos, lo que apunta en gran medida hacia la *teoría de la convergencia*.

Hugo Chávez, al tiempo de afirmar que su doctrina política también se apoyaba en el *cristianismo*, dentro de una *democracia participativa* que debe conjugar igualdad con libertad, señaló que para llegar al *"socialismo del siglo XXI"* se requiere una etapa de transición a la que llamó *"democracia revolucionaria"* (¡en contraposición a la *dictadura del proletariado*!). Según Chávez, el *"socialismo del siglo XXI"* acepta la propiedad privada, a diferencia del modelo marxista-leninista, que proclama la expropiación de todos los medios de producción. En 2006 expresó: *"Hemos asumido el compromiso de dirigir la Revolución bolivariana hacia el socialismo y contribuir a la senda del socialismo, un socialismo del siglo XXI que se basa en la solidaridad, en la fraternidad, en el amor, en la libertad y en la igualdad"*.

Entre las críticas más fuertes hechas a la nueva concepción ideológica por pensadores de izquierda figuran:[25]

- No pretende cambiar el sistema; sólo reformarlo.
- Considera que los capitalistas cederán sus privilegios sin lucha.
- No prepara al pueblo para la lucha por sus derechos. Desconoce la realidad de la lucha de clases.
- Parte de una esencia idealista, propia de la pequeña burguesía urbana.
- Desconoce el papel de la clase obrera y de su partido.

---

[25] **Revista Unidad y Lucha:** *"El Socialismo del siglo XXI: Teoría antimarxista pequeño burguesa".* Octubre de 2007.

- Plantea que el socialismo se alcanzará producto de la evolución de la sociedad, y no por un proceso revolucionario, lo cual agrada hasta al más reaccionario de los burgueses, pues niega la necesidad de la violencia revolucionaria de la clase obrera y del pueblo para alcanzar su liberación.

A la luz de todo lo expuesto en este libro invito a someter a crítica estas críticas...

Por supuesto que para las posiciones dogmáticas y extremistas del gobierno castrista, el *socialismo del siglo XXI* proclamado por Chávez no pasó de ser una utopía revolucionaria e incluso, una peligrosa desviación revisionista. Sin embargo, sus estrechos vínculos con Caracas, y los muy convenientes acuerdos de cooperación económica suscritos, le llevaron a tolerar la postura chavista, hasta la muerte del líder. En la actualidad, con el régimen impuesto por su sucesor, Nicolás Maduro, es evidente que la influencia ideológica de La Habana ha hecho retroceder tal proceso hacia las más extremas posiciones de la *dictadura del proletariado*, dejando para la historia el empeño renovador y de convergencia social. El propio promotor de la doctrina, Heinz Dieterich, afirmó que *no hay ni habrá socialismo en Venezuela*.[26]

---

[26] **Dieterich, Heinz:** *No hay ni habrá socialismo en Venezuela*. Consultado el 9 de diciembre de 2018.

Otros escenarios mundiales en que se ha puesto en práctica la nueva concepción ideológica son:

✓ China, donde según Heinz Dieterich, en los años 70 el Partido decidió adoptar la *"Nueva Política Económica"* (NEP), de Lenin en Rusia, con el nombre de *"proceso de apertura y reforma"*, de modo que la transición del socialismo del siglo XX al del siglo XXI, que no se consiguió en la URSS, sí fue exitosa en China.

✓ Bolivia, donde su líder, Evo Morales, se ha declarado a favor de construir el *"socialismo del siglo XXI"* a través de una revolución cultural y la creación de una sociedad plurinacional en la que coexista la democracia representativa con formas comunales e indígenas de participación, la aceptación de la propiedad privada y la implementación de programas sociales.

✓ Ecuador, cuando su expresidente Rafael Correa afirmó que el desarrollo del *"socialismo del siglo XXI"* en su país tiene características propias, diferentes de la estatización de los medios de producción y del socialismo tradicional, pero dando al Estado un rol protagónico para impulsar la economía, para que el capital esté al servicio del ser humano y no al revés. En el presente, el actual mandatario ecuatoriano, Lenin Moreno, se alejó de las posiciones del *socialismo*.

11/ ECUADOR: LA REVOLUCIÓN ROBADA

A pesar de su pequeña dimensión territorial, Ecuador es una muy interesante nación del continente suramericano, que ocupa primeros lugares mundiales en varios aspectos: es el país más densamente poblado de Latinoamérica, con algo más de 17 millones de habitantes en 283 561 km²; con una de las más altas concentraciones de ríos por km^2 y con mayor biodiversidad en el mundo; está entre los principales exportadores de petróleo, flores, camarones y cacao, y es el mayor exportador de banano a nivel mundial; cuenta con pueblos originarios no contactados en la densa Amazonía, y con la rica fauna investigada por Humboldt en las Galápagos; posee el monumento erigido a la línea ecuatorial, que marca la ubicación del eje transversal del planeta; su capital, Quito, es una valiosa reliquia histórica como antigua urbe del imperio inca, y la primera ciudad declarada *Patrimonio de la Humanidad* por la *UNESCO*; y en su Catedral se conservan los restos de Antonio José de Sucre, el *Gran Mariscal de Ayacucho*, como testimonio de que fue escenario de las gestas libertadoras americanas en el siglo XIX.

Primero formando parte de la *Gran Colombia* luego de la independencia bolivariana, y como república independiente cuando el 13 de mayo de 1830 Juan José Flores asumió como primer presidente, la República del Ecuador inició un decursar

187

histórico caracterizado por revueltas sociales, inestabilidad política, y guerras, proceso en que se destaca la figura del líder liberal Eloy Alfaro Delgado, quien fuera su presidente en dos ocasiones, entre 1897 y 1901, y de 1906 a 1911. En ninguno de sus mandatos llegó al poder por elección popular, sino por medio de golpes de estado dados por revolucionarios, luego de lo cual se llamaba a asamblea constituyente para legitimar su ascenso al poder.

Alfaro fue brutalmente asesinado por una turba popular el 28 de enero de 1912, luego de ser sacado, junto a varios colaboradores, de la cárcel en Quito donde estaba prisionero tras pugnas políticas en su contra. Se trata de uno de los hechos más vergonzosos en la historia nacional ecuatoriana, conocido como "*la hoguera bárbara*", pues sus cuerpos fueron incinerados en un sitio público.

En la primera mitad del siglo XX, y tras varios períodos de inestabilidad política, Ecuador es invadido en 1941 por su vecino del sur, Perú, estallando una guerra que duraría un año y que concluyó el 29 de enero de 1942 con el *Protocolo de Río de Janeiro*, que provocó controversias fronterizas, causas de nuevos conflictos entre ambas naciones. La gran figura de la política ecuatoriana desde mediados de los años 30 hasta inicios de los 70 fue José María Velasco Ibarra, presidente del Ecuador en cinco ocasiones: 1934-1935, 1944-1947, 1952-1956, 1960-1961 y 1968-1972, pero sólo pudo culminar su tercer mandato.

A comienzos de este último año es derrocado por un golpe de estado que lleva al poder al general Guillermo Rodríguez Lara, quien se proclamó como "nacionalista y revolucionario".

Este episodio se zanjó cuando en septiembre de 1975 el general Rodríguez Lara fue objeto de un intento de golpe de estado con el saldo de 22 muertos y más de 80 heridos en combates por el palacio presidencial. Finalmente fue depuesto por un consejo militar que promovió una nueva Constitución en 1978, y llamó a elecciones generales en 1979, donde fue electo Jaime Roldós Aguilera, joven político de 38 años de edad, candidato del partido *Concentración de Fuerzas Populares (CFP)*. Lideró el proceso de retorno al sistema democrático luego de casi una década de dictaduras civiles y militares, gozando de mucha simpatía popular por sus altas cualidades humanas, morales, sociales y cívicas.

En octubre de 1979 el joven presidente redujo a 40 horas semanales la jornada laboral; en noviembre duplicó el salario mínimo de los trabajadores; en marzo de 1980 puso en vigencia un plan nacional de desarrollo y fundó el partido *"Pueblo, cambio y democracia"*, anunciando el año 1981 como *"de avance"*; entre enero y febrero de 1981 enfrentó un nuevo conflicto fronterizo con Perú, lo que manejó con habilidad diplomática ante la *OEA*; como obras sociales hizo construir varias importantes vías y promovió el programa de desayuno escolar para los niños de sectores pobres; en enero de 1981 declinó la invitación para asistir a la investidura del presidente norteamericano Ronald Reagan, por sus discrepancias en materia de derechos humanos, y estrechó vínculos con el gobierno sandinista de Nicaragua y con el *Frente Democrático de El Salvador*.

Evidentemente, Jaime Roldós se proyectaba como un líder molesto para el imperialismo norteamericano y la oligarquía nacional. El 24 de mayo de 1981 el avión de la *Fuerza Aérea Ecuatoriana* en que viajaba en unión de su esposa, el ministro de Defensa, y otros militares, se estrelló contra un cerro en viaje desde Quito, muriendo todos sus ocupantes. Desde siempre, la familia de Jaime Roldós y sectores de la izquierda ecuatoriana sostienen la teoría de que lo ocurrido fue un atentado premeditado. En su último discurso, pocas horas antes de morir, declaró: *"Este Ecuador que no lo queremos enredado en lo intrascendente, sino en lo valeroso, luchador, infatigable, forjando un destino de grandeza. El Ecuador heroico que triunfó en Pichincha, el Ecuador de los valerosos de hoy, heroicos luchadores de Paquisha, Machinaza y Mayaicu, inmolados en estas legendarias trincheras. El Ecuador heroico de la Cordillera del Cóndor. El Ecuador eterno y unido en la defensa de su heredad territorial. El Ecuador democrático, capaz de dar lecciones históricas de humanismo, trabajo y libertad".*

Tras la muerte de Roldós lo sustituyó su vicepresidente Osvaldo Hurtado Larrea, quien gobernó hasta 1984, cuando ocupó la presidencia el conservador socialcristiano León Febres Cordero, implantando un régimen represivo al que se opuso la violencia revolucionaria del movimiento clandestino *"Alfaro Vive Carajo"*. El descontento social llevó al poder en 1988 al socialdemócrata Rodrigo Borja Cevallos, quien impulsó la alfabetización y otras esferas sociales. Desde 1992 el conservador Sixto Durán Ballén promovió una política neoliberal, y enfrentó un nuevo conflicto bélico con Perú, a inicios de 1995, la denominada *Guerra del Cenepa*, que concluyó con la firma definitiva de la paz entre ambas naciones latinoamericanas.

A partir de 1996 sobrevino en el país un período de inestabilidad política, con gobiernos que no alcanzaron a terminar sus mandatos. En febrero de 1997 fue destituido el presidente Abdalá Bucarám por decisión parlamentaria, acusado de hechos de corrupción y problemas mentales. Rosalía Arteaga, Fabián Alarcón, y un triunvirato provisional, ocuparon de forma consecutiva el alto cargo, por períodos transitorios de días o semanas. En agosto de 1998 Jamil Mahuad asumió el poder, y su gobierno sufrió las consecuencias de una grave crisis bancaria, con la devaluación monetaria, que llevó a la sustitución del *sucre* por el *dólar estadounidense* como moneda nacional en el año 2000. Fue destituido a inicios de ese mismo año por un levantamiento indígena y cívico-militar, siendo reemplazado por su vicepresidente Gustavo Noboa, quien gobernó hasta 2003, cuando asumió la presidencia el coronel Lucio Gutiérrez, el mismo que encabezó el movimiento militar contra Mahuad. Tras un intento demagógico de gobierno, Gutiérrez fue obligado a escapar del palacio presidencial en un helicóptero, por la fuerte presión popular denominada *Rebelión de los forajidos*, que tuvo lugar en Quito del 13 al 20 de abril de 2005. El vicepresidente Alfredo Palacios se hizo cargo del poder hasta el 15 de enero de 2007. El saldo de la inestabilidad política fue de 10 presidentes en 10 años.

En medio de la gran incertidumbre nacional surgió la figura de un joven economista guayaquileño –había ocupado el cargo de ministro de Finanzas en el gobierno de Palacios-, que en 2007, al frente de su movimiento con tendencia izquierdista, obtuvo la presidencia con un amplio margen: Rafael Correa Delgado. Proclamando su intención transformadora de la sociedad, en lo que definió como *Revolución ciudadana*, promovió la asamblea constituyente para redactar una nueva Carta Magna, que fue aprobada en consulta popular en octubre de 2008. En consecuencia, se debió convocar a elecciones generales para 2009, en las que Correa fue reelecto Presidente de la República, y su movimiento, "*Alianza País*", se convirtió en la fuerza política más importante, contando con el beneplácito mayoritario de la población. Repetiría su victoria electoral en los comicios de mayo de 2013, manteniéndose en la presidencia hasta 2017.

¿Qué es la *Revolución ciudadana*...? Según afirma su principal conductor, se inspira en la revolución liberal que condujera, a inicios del siglo pasado, Eloy Alfaro. Su ideología se identifica con el *Socialismo del siglo XXI* promulgado por Hugo Chávez y su *Revolución bolivariana* en Venezuela; procura acercamientos a Rusia y China, y hace filas junto a las corrientes antiimperialistas de regímenes como el de Cuba en Latinoamérica, al tiempo de promover la integración de la región mediante alianzas como *UNASUR*, *ALBA* y *CELAC*, rechazando el papel de la *OEA*, considerándola servidora de los intereses de Estados Unidos. En el plano de las acciones y relaciones económicas declara y defiende la prioridad de los seres humanos sobre el capital, oponiéndose a las políticas del *FMI* y del *Banco Mundial*.

En su gestión de gobierno durante sus diversos períodos –lo que Correa ha denominado como la "*década ganada*"-, se enfocó básicamente en el desarrollo social y de infraestructuras, renegociando de forma satisfactoria la abultada deuda externa del país, y aprovechando en gran medida –sus opositores dicen que más bien desmedida- el gran potencial económico del país con la bonanza promovida entonces por los altos precios del petróleo en el mercado mundial.

Es innegable que durante los mandatos presidenciales de Rafael Correa, en el país se experimentaron notables logros en campos como la educación, la salud pública, la transportación, la reducción de índices de desempleo y pobreza, la atención a las minorías étnicas y pueblos indígenas, las artes, el deporte y el turismo en general, bajo los lineamientos del *Plan Nacional del Buen Vivir*, como lineamiento estratégico de desarrollo. Pero, a cambio, se aumentó el tamaño del Estado, incrementándose la burocracia y aplicándose prácticas de exclusión a corrientes ajenas a su movimiento, lo que desató la oposición política. La intolerancia del mandatario se evidenciaba en sus semanales diatribas televisivas, cuando arremetía contra medios de prensa y personajes contrarios a su gestión.

Tanto en el plano nacional como internacional se le acusó de violentar la libertad de expresión y el derecho de manifestación pública, por lo que sus períodos de gobierno fueron calificados por la oposición como régimen dictatorial. Así las cosas, el 30 de septiembre de 2010 se produjo un levantamiento de fuerzas de la Policía Nacional en su contra, en Quito, que fue sofocado por la intervención de unidades militares leales, con el saldo de 5 fallecidos y 200 heridos. Luego de la crisis del *30-S*, y a fin de continuar la consolidación de su sistema político, Correa convocó a una consulta popular, que se efectuó el 7 de mayo de 2011, donde la población se manifestó positivamente sobre varias propuestas de corte jurídico y social. Otras revueltas y manifestaciones de tipo civil, protagonizadas por profesionales, estudiantes y nacionalidades indígenas, principalmente, sacudirían el escenario nacional por varios motivos, como la decisión de explotar las reservas petroleras del *Parque Nacional ITT*, en la Amazonía, la promulgación de la *Ley de Comunicación,* o del nuevo *Código Orgánico Integral Penal.*

La situación económica del país se complicó a fines de 2014 con la caída mundial del precio del petróleo, lo que impuso al gobierno la aplicación de medidas de austeridad, que provocaron masivas protestas populares, bajo la acusación de la oposición, de haber derrochado la riqueza nacional durante el tiempo de bonanza financiera. Como gota que colmó la copa de la crisis nacional, el 16 de abril de 2016 ocurrió el terrible terremoto de 7,8 grados en Manabí y Esmeralda, que ocasionó la muerte a 600 personas, miles de damnificados y elevadas pérdidas materiales. Rafael Correa definió la catástrofe generada por la caída en el precio del petróleo y el gran terremoto, como la *"tormenta perfecta"*, convocando a la población a enfrentarla con austeridad y confianza en la gestión gubernamental.

El 3 de diciembre de 2015 la Asamblea Nacional, con mayoría correísta, aprobó un paquete de enmiendas a la Constitución, siendo la más significativa incorporar la reelección indefinida de todas las autoridades de elección popular, lo que fue asumido por la oposición como una maniobra del presidente para perpetuarse en el poder. La opinión pública se expresó en contra de las enmiendas, y Correa intentó desvirtuar su efecto comprometiéndose a no postularse para la Presidencia en las próximas elecciones de 2017. De modo que en las etapas finales de su mandato su aceptación popular descendió significativamente, mientras figuras de la oposición incrementaban su accionar para la campaña de 2017, con la precisión de que el "reincidente vencedor" no participaría en ellas.

La opción presidencial 2017 del *Movimiento Alianza País* estuvo conformada por quien había sido vicepresidente de Correa en dos ocasiones, durante el período 2007–2013, Lenín Moreno Garcés, secundado por quien lo fue a partir de entonces y hasta el final de su gobierno, Jorge Glas Espinel. Fue una intensa campaña electoral, con duras acusaciones entre los participantes, donde las fuerzas de derecha emplearon todas sus armas para conquistar el favor popular, confiadas en que la no presencia de Correa como candidato les franqueaba el paso hacia el palacio presidencial de Carondelet. Los recientes hechos de corrupción que involucraban a la multinacional brasileña de las construcciones, *Odebrecht*, pagando sobornos a gobiernos en varios países latinoamericanos, incluido Ecuador, para recibir contratos millonarios, permearon todo el proceso mientras avanzaban las denuncias e investigaciones.

Rafael Correa se involucró personalmente en la campaña, empleando sus criticadas diatribas sabatinas para atacar a los opositores y promover a sus candidatos, quienes obtuvieron la victoria en segunda vuelta y por escaso margen en elecciones atacadas como fraudulentas, tomando posesión el nuevo gobierno el 24 de mayo de 2017. Una vez recibida la banda presidencial, en su discurso ante la Asamblea Nacional ecuatoriana, el flamante Presidente expresó, pletórico de entusiasmo:[27]

> (…) hoy, cuando se une la herencia del pasado con el presente y el futuro que estamos construyendo desde hace diez años. Hoy concluye una época que deja al país con realidades y objetivos más claros: Diez años de educación y salud. De entregar una nueva institución educativa cada 12 días y una infraestructura médica cada 10 días. Un decenio en el que forjamos las bases para vivir con energía limpia y propia, principalmente gracias a la gestión del querido amigo Vicepresidente de la República, Jorge Glas. Son diez años de haber sido testigos de la construcción de caminos, de puentes, puertos y aeropuertos, de proyectos multipropósito. Diez años de la recuperación de la autoestima, el orgullo y el sentido de pertenencia de los ecuatorianos. Y mucho, muchísimo más. Este proceso tiene un pueblo entero y tiene un nombre: Revolución Ciudadana. Los pueblos hacen la historia, pero los líderes aceleran los procesos. Esta revolución tiene un líder: Rafael Correa Delgado. Gracias Rafael. Hasta siempre, hermano querido, Rafael Correa Delgado. Este proceso también tiene una leyenda: la de la Revolución Ciudadana. Algún día -y

---

[27] https://www.presidencia.gob.ec/wp-content/uploads/downloads/2017/06/2017.05.24-DISCURSO-POSESI%C3%93N-ANTE-LA-ASAMBLEA-NACIONAL.pdf

óigaseme bien- podremos narrar con orgullo a nuestros hijos y nietos. Decirles que fuimos testigos presenciales de esa leyenda. Más aún: que con tesón fuimos parte de ella. Que al igual que hace más de 100 años hubo quienes cabalgaron junto al general Eloy Alfaro, ahora podemos decir que cabalgamos –bueno... algunos rodamos- junto a Rafael Correa Delgado.

Pero, apenas unos días después, y mientras Correa, como había anunciado previamente, se aprestaba a residir en Bélgica con su familia, el discurso de Moreno dio un giro de 180 grados. Ya los 10 años de gobierno correísta no fueron de logros, sino la *"década perdida"* como la calificaban sus opositores; la *Revolución ciudadana* dejó de ser una leyenda en la historia nacional, para convertirse en *"una pendejada"*, como dijo públicamente; todas las obras realizadas fueron progresivamente denunciadas de verdaderos desastres, defectuosas y sobrevaloradas en sus costos; el *"querido amigo Vicepresidente de la República, Jorge Glas"*, acusado de maleante, dio con sus huesos en la cárcel por asociación ilícita para delinquir; y el líder al que agradeció en su discurso, y a cuyo lado calificó como *honroso cabalgar*, fue tildado de maléfico, el *"Alí Babá de los 40 ladrones"*. Más adelante, en su acelerado camino para *"descorreizar"* a la sociedad ecuatoriana, y como presidente del *Movimiento Alianza País*, desvió su curso político desde la izquierda y renunció definitivamente al *socialismo del siglo XXI*, así como a las alianzas integradoras y antiimperialistas latinoamericanas.

El nuevo presidente proclamó "*un gobierno con todos y para todos*", anunciando que pondría fin a la confrontación ideológica y establecería una gestión basada en el diálogo y la concertación. Con semejante ecumenismo se obvia que, al mediar en confrontaciones políticas, antagónicas, no se puede pretender quedar bien con *Dios* y con el *Diablo*. La vida demuestra que, cuando das la razón a uno te vas inevitablemente contra el otro; y si la das a ambos, o a ninguno, te vas contra ti mismo al desempeñar mal tu papel de mediador, con lo que perderás prestigio y respeto, tildado de mediocre, y así serás juzgado por la historia.

Desde Bélgica, la reacción airada del expresidente fue calificar como traición a los dichos y hechos del nuevo mandatario, pasándose abiertamente a la oposición al gobierno, esta vez desde la izquierda. Las denuncias de corrupción y otros delitos en su contra terminarían por colocarle ante los tribunales de justicia ecuatorianos y a solicitar su captura y extradición por la *Interpol*, con lo que su regreso al Ecuador quedó definitivamente bloqueado; el *Movimiento Alianza País*, con el que accedió al poder por primera vez en 2007, dejó de pertenecerle, a pesar de ser su *Presidente de honor*; y sus antiguos ministros y colaboradores, fueron acusados por la *Contraloría...*

Podría decirse que, en Ecuador, la *Revolución ciudadana*, su obra política mayor, había sido definitiva y traumáticamente robada a Rafael Correa. Pero, tal vez el desastre fue culpa de sus propios progenitores...

Desde mediados de la década del 2010 el entonces presidente ecuatoriano había denunciado en sus discursos lo que definió como *"el peligro de la restauración conservadora en América Latina"*. Tras la *"marea rosa"* que invadió a la región, con gobiernos progresistas en Venezuela, Argentina, Brasil, Uruguay, Chile, Bolivia y Ecuador, las acciones de las fuerzas de derecha, aupadas por Estados Unidos en una especie de retorno al intervencionista *"Plan Cóndor"* de 1970-1980, se encaminaban agresivamente a desalojar a los gobernantes de izquierda, preferentemente enviándolos a la cárcel por delitos de corrupción y otros en sus gestiones de gobierno. Era el retorno a los pasados regímenes de explotación, pero sin golpes de estado, teniendo a los tribunales de justicia y a los fiscales como instrumentos al servicio del poder burgués para instaurar el *neoliberalismo*, una de las formas de renovación del *capitalismo* en su afán de perpetuidad.

La alerta que, con reiteración, hacía Correa pretendía preparar a los ecuatorianos para una confrontación ideológica que tendría como escenario principal los procesos electorales. La sentencia de que *"¡Ecuador ya cambió!"* fue común en sus discursos, reafirmando la certeza de que en el país no habría una vuelta al pasado. Pero en esto el economista se equivocó...

Sí, es cierto que durante sus períodos de gobierno mucho había cambiado en el país. La infraestructura era otra, renovada, y en muchos casos con estándares a la altura de países desarrollados. Pero, para que una nación cambie a perpetuidad no basta con el maquillaje de las obras materiales. Ellas son como un colorete que se borra al primer chaparrón. Para lograr cambios sociales indelebles es indispensable transformar algo mucho más importante: la **conciencia social**. Y muy particularmente cuando en el conglomerado nacional existe gran presencia de población indígena, por tradición más comprometidas con la naturaleza –la *Pacha Mama*- que con la sociedad. Y eso sigue siendo una asignatura pendiente en Ecuador.

Cultura política, principios ciudadanos y memoria histórica. Estos son los tres componentes de la *conciencia social* que todo proceso de transformación debe empeñarse en fomentar en la población de un país, para lograr cambios inamovibles y perdurables en el tiempo, capaces de resistir cualquier arremetida.

Cultura política para tener capacidad de evaluar el discurso y las acciones de los diversos actores en la esfera de la confrontación ideológica, descubrir las falacias en las promesas irrealizables, evidenciar la demagogia en los populismos, clarificar los intereses de las clases y grupos sociales, reafirmando el sentido de pertenencia, asumir los compromisos para una actuación coherente y basada en valores éticos y morales. *Principios ciudadanos* para respetar la legalidad, las normas de convivencia, el derecho ajeno y la diversidad, ejercer la solidaridad y la ayuda mutua en las más disímiles condiciones, cumplir las obligaciones asumidas, tanto con las autoridades como con la sociedad en general, sentir y mostrar la condición humana por sobre todas las cosas, con honestidad y decoro. *Memoria histórica* para vivir con orgullo las tradiciones patrias, la gratitud a quienes se debe independencia, libertad y progreso, así como el repudio a los explotadores y tiranos, para evaluar con justeza el presente a fin de no repetir sus errores en el futuro, honrar a los símbolos de la nación, y mantener la convicción de que la mayor dimensión de cada ser humano es la Humanidad.

Un país donde...

- Es práctica común la violencia familiar, contra la mujer y los menores de edad,
- Se practica la xenofobia y la discriminación a extranjeros y a minorías étnicas,
- Se incrementan la criminalidad y el consumo de alcohol y drogas,
- Los conductores en un accidente vial se fugan sin auxiliar a las víctimas,

- Se agrede a las autoridades cuando intentan cumplir con su deber,

- Habitualmente se incumplen la palabra dada y los compromisos asumidos,

- Los empleadores no respetan los derechos laborales de sus empleados,

- La "viveza criolla" consiste en asumir como tontos a los demás,

...entre otros males, está lejos de poseer aceptables niveles de *conciencia social*.

Ecuador no cambió, a pesar de las buenas intenciones de algún gobernante de turno. Tal transformación sólo puede ser el resultado de un proceso educativo desde las más tempranas edades a partir del ejemplo familiar, y luego incorporando el quehacer eficiente de las instituciones. La historia brinda lecciones valiosas para la formación de la *conciencia social*. Así escribió José Martí en "*La Edad de Oro*":

> Cuentan que un viajero llegó un día a Caracas al anochecer, y sin sacudirse el polvo del camino, no preguntó dónde se comía ni se dormía, sino cómo se iba a donde estaba la estatua de Bolívar. Y cuentan que el viajero, solo con los árboles altos y olorosos de la plaza, lloraba frente a la estatua, que parecía que se movía, como un padre cuando se le acerca un hijo. El viajero hizo bien, porque todos los americanos deben querer a Bolívar como a un padre. A Bolívar, y a todos los que pelearon como él porque la América fuese del hombre

americano [28] . A todos: al héroe famoso, y al último soldado, que es un héroe desconocido. Hasta hermosos de cuerpo se vuelven los hombres que pelean por ver libre a su patria. Libertad es el derecho que todo hombre tiene a ser honrado, y a pensar y a hablar sin hipocresía. En América no se podía ser honrado, ni pensar, ni hablar. Un hombre que oculta lo que piensa, o no se atreve a decir lo que piensa, no es un hombre honrado. Un hombre que obedece a un mal gobierno, sin trabajar para que el gobierno sea bueno, no es un hombre honrado. Un hombre que se conforma con obedecer a leyes injustas, y permite que pisen el país en que nació, los hombres que se lo maltratan, no es un hombre honrado. El niño, desde que puede pensar, debe pensar en todo lo que ve, debe padecer por todos los que no pueden vivir con honradez, debe trabajar porque puedan ser honrados todos los hombres, y debe ser un hombre honrado. El niño que no piensa en lo que sucede a su alrededor, y se contenta con vivir, sin saber si vive honradamente, es como un hombre que vive del trabajo de un bribón, y está en camino de ser bribón. Hay hombres que son peores que las bestias, porque las bestias necesitan ser libres para vivir dichosas: el elefante no quiere tener hijos cuando vive preso: la llama del Perú se echa en la tierra y se muere, cuando el indio le habla con rudeza o le pone más carga de la que puede soportar. El hombre debe ser, por lo menos, tan decoroso como el elefante y como la llama. En América se vivía antes de la libertad como la llama que tiene mucha carga encima. Era necesario quitarse la carga, o

---

[28] Nosotros, los americanos del Sur, no los del Norte, que han pretendido apropiarse del patronímico, al mismo tiempo que de todo el continente.

morir. Hay hombres que viven contentos, aunque vivan sin decoro. Hay otros que padecen como en agonía cuando ven que los hombres viven sin decoro a su alrededor. En el mundo ha de haber cierta cantidad de decoro, como ha de haber cierta cantidad de luz. Cuando hay muchos hombres sin decoro, hay siempre otros que tienen en sí el decoro de muchos hombres. Esos son los que se rebelan con fuerza terrible contra los que les roban a los pueblos su libertad, que es robarles a los hombres su decoro. En esos hombres van miles de hombres, va un pueblo entero, va la dignidad humana. Esos hombres son sagrados. Estos tres hombres son sagrados: Bolívar, de Venezuela; San Martín, del Río de la Plata; Hidalgo, de México. Se les deben perdonar sus errores, porque el bien que hicieron fue más que sus faltas. Los hombres no pueden ser más perfectos que el Sol. El Sol quema con la misma luz con que calienta. El Sol tiene manchas. Los desagradecidos no hablan más que de las manchas. Los agradecidos hablan de la luz. Bolívar era pequeño de cuerpo. Los ojos le relampagueaban, y las palabras se le salían de los labios. Parecía como si estuviera esperando siempre la hora de montar a caballo. Era su país, su país oprimido, que le pesaba en el corazón, y, no le dejaba vivir en paz. La América entera estaba como despertando. Un hombre solo no vale nunca más que un pueblo entero; pero hay hombres que no se cansan, cuando su pueblo se cansa, y que se deciden ir a la guerra antes que los pueblos, porque no tienen que consultar a nadie más que a sí mismos, y los pueblos tienen muchos hombres, y no pueden consultarse tan pronto. Ese fue el mérito de Bolívar, que no se cansó de pelear por la libertad de Venezuela, cuando parecía que Venezuela se cansaba. Lo habían derrotado los españoles: lo habían echado del país. Él se fue a una isla, a ver su tierra de cerca, a pensar en su tierra. Un negro generoso lo ayudó cuando ya no lo quería ayudar nadie. Volvió un día a pelear, con trescientos héroes, con los trescientos libertadores. Libertó a Venezuela. Libertó a la Nueva Granada. Libertó al Ecuador. Libertó al Perú. Fundó una nación nueva, la nación de Bolivia. Ganó batallas sublimes con soldados descalzos y medio desnudos. Todo se estremecía y se llenaba de luz a su alrededor. Los generales peleaban a su lado con valor sobrenatural. Era un ejército de jóvenes. Jamás se peleó tanto, ni se peleó mejor, en el mundo por la libertad. Bolívar no defendió con tanto fuego el derecho de los hombres a gobernarse por sí mismos, como el derecho de América a ser libre. Los envidiosos exageraron sus defectos. Bolívar murió de pesar del corazón, más que de mal del cuerpo, en la casa de un español en Santa Marta. Murió pobre, y dejó una familia de pueblos. México tenía mujeres y hombres valerosos que no eran muchos, pero valían por muchos: media docena de hombres y una mujer preparaban el modo de hacer libre a su país. Eran unos cuantos jóvenes valientes, el esposo de una mujer liberal, y un cura de pueblo que quería mucho a los indios, un cura de sesenta años. Desde niño fue el cura Hidalgo de la raza buena, de los que quieren saber. Los que no quieren saber son de la raza mala. Hidalgo sabía francés, que entonces era cosa de mérito, porque lo sabían pocos. Leyó los libros de los filósofos del siglo dieciocho, que explicaron el derecho del hombre a ser honrado, y a pensar y a hablar sin hipocresía. Vio a los negros esclavos, y se llenó de horror. Vio maltratar a los indios, que son tan mansos y generosos, y se sentó entre ellos como un hermano viejo, a enseñarles las artes finas que el indio aprende bien: la música, que consuela; la cría del gusano, que da la seda; la cría de la abeja, que da miel. Tenía fuego en sí, y le gustaba fabricar: creó hornos para cocer los ladrillos. Le veían lucir mucho de cuando en cuando los ojos verdes. Todos decían que hablaba muy bien, que sabía mucho nuevo, que daba muchas limosnas el señor cura del pueblo de Dolores. Decían que iba a la ciudad de Querétaro una que otra vez, a hablar con unos cuantos valientes y con el marido de una buena señora. Un traidor le dijo a un comandante español que los amigos de Querétaro trataban de hacer a México libre. El cura montó a caballo, con todo su pueblo, que lo quería como a su corazón; se le fueron juntando los caporales y los sirvientes de las haciendas, que eran la caballería; los indios iban a pie, con palos y flechas, o con hondas y lanzas. Se le unió un regimiento y tomó un convoy de pólvora que iba para los españoles. Entró triunfante en Celaya, con músicas y vivas. Al otro día juntó el Ayuntamiento, lo hicieron general, y empezó un pueblo a nacer. El fabricó lanzas y granadas de mano. Él dijo discursos que dan calor y echan chispas, como decía un caporal de las haciendas. Él declaró libres a los negros. Él les devolvió sus tierras a los indios. Él publicó un periódico que llamó "El Despertador Americano". Ganó y perdió batallas. Un día se le juntaban siete mil indios con flechas, y al otro día lo dejaban solo. La mala gente quería ir con él para robar en los pueblos y para vengarse de los españoles. Él les avisaba a los jefes españoles que si los vencía en la batalla que iba a darles los recibiría en su casa como amigos. ¡Eso es ser grande! Se atrevió a ser magnánimo, sin miedo a que lo abandonase la soldadesca, que quería que fuese cruel. Su compañero Allende tuvo celos de él, y él le cedió el mando a Allende. Iban juntos buscando amparo en su

207

derrota cuando los españoles les cayeron encima. A Hidalgo le quitaron uno a uno, como para ofenderlo, los vestidos de sacerdote. Lo sacaron detrás de una tapia, y le dispararon los tiros de muerte a la cabeza. Cayó vivo, revuelto en la sangre, y en el suelo lo acabaron de matar. Le cortaron la cabeza y la colgaron en una jaula, en la Alhóndiga misma de Granaditas, donde tuvo su gobierno. Enterraron los cadáveres descabezados. Pero México es libre. San Martín fue el libertador del Sur, el padre de la República Argentina, el padre de Chile. Sus padres eran españoles, y a él lo mandaron a España para que fuese militar del rey. Cuando Napoleón entró en España con su ejército, para quitarles a los españoles la libertad, los españoles todos pelearon contra Napoleón: pelearon los viejos, las mujeres, los niños; un niño valiente, un catalancito, hizo huir una noche a una compañía, disparándole tiros y más tiros desde un rincón del monte: al niño lo encontraron muerto, muerto de hambre y de frío; pero tenía en la cara como una luz, y sonreía, como si estuviese contento. San Martín peleó muy bien en la batalla de Bailén, y lo hicieron teniente coronel. Hablaba poco: parecía de acero: miraba como un águila: nadie lo desobedecía, su caballo iba y venía por el campo de pelea como el rayo por el aire. En cuanto supo que América peleaba para hacerse libre, vino a América: ¿qué le importaba perder su carrera, si iba a cumplir con su deber?; llegó a Buenos Aires, no dijo discursos, levantó un escuadrón de caballería, en San Lorenzo fue su primera batalla, sable en mano se fue San Martín detrás de los españoles, que venían muy seguros, tocando el tambor, y se quedaron sin tambor, sin cañones y sin bandera. Hay hombres así, que no pueden ver esclavitud. San Martín no podía; y se fue a libertar a Chile y al Perú. En dieciocho días cruzó con su

208

ejército los Andes altísimos y fríos: iban los hombres como por el cielo, hambrientos, sedientos: abajo, muy abajo, los árboles parecían yerba, los torrentes rugían como leones. San Martín se encuentra al ejército español y lo deshace en la batalla de Maipú, lo derrota para siempre en la batalla de Chacabuco. Liberta a Chile. Se embarca con su tropa, y va a libertar al Perú. Pero en el Perú estaba Bolívar, y San Martín le cede la gloria. Un escultor es admirable, porque saca una figura de la piedra bruta: pero esos hombres que hacen pueblos son como más que hombres. Quisieron algunas veces lo que no debían querer; pero ¿qué no le perdonará un hijo a su padre? El corazón se llena de ternura al pensar en esos gigantescos fundadores. Esos son héroes; los que pelean para hacer a los pueblos libres, o los que padecen en pobreza y desgracia por defender una gran verdad. Los que pelean por la ambición, por hacer esclavos a otros pueblos, por tener más mando, por quitarle a otro pueblo sus tierras, no son héroes, sino criminales.

Poco después, José Martí moriría, como uno de los héroes de sus historias, luchando por la independencia de Cuba, en sublime acto de coherencia y dignidad.

12/ TRIARQUÍA EN LA ALTERNABILIDAD

¿Quiénes roban las revoluciones? La historia lo demuestra… en la mayoría de los casos, como el escorpión que, rodeado por el fuego, termina emponzoñándose a sí mismo, son robadas por los propios revolucionarios. ¿Será entonces que los cambios sociales son imposibles? Respondo del siguiente modo:

1) La *dinámica social*, así como ocurre en la naturaleza, es un proceso basado en la concatenación de cambios inevitables y necesarios.

2) Los cambios que se generan, siempre son el resultado de una *relación dialéctica entre causas y efectos*, entre antecedentes y consecuencias.

3) Cuando las *causas* se acumulan suficientemente, en un proceso de *evolución cuantitativa*, surgen los *efectos*, como *saltos revolutivos, cualitativos*.

4) Cada *salto revolutivo* altera la naturaleza de las cosas, convirtiéndolas en sus contrarios, puntos de partida para un siguiente proceso de transformación social.

5) Como la sociedad humana está formada por seres dotados de conciencia y voluntad, ellos pueden influir en la dinámica social según sus propios intereses.

6) Unos grupos humanos pretenderán acelerar los procesos revolutivos y provocar cambios aun cuando la acumulación

de causas cuantitativas no haya sido completada. Esos son los **revolucionarios**.

7) Unos grupos humanos pretenderán ralentizar los procesos revolutivos y demorar los cambios aun cuando la acumulación de causas cuantitativas se haya completado. Esos son los **conservadores**.

8) Unos grupos humanos pretenderán retrotraer los procesos revolutivos y revertir los cambios a pesar de que la acumulación de causas cuantitativas concluyó irremediablemente. Esos son los **reaccionarios**.

9) Unos grupos humanos confiarán en la dinámica social y velarán porque realmente la acumulación de cambios cuantitativos provoque un salto cualitativo, sin marcha atrás. Esos son los **evolucionarios**.

10) El principal *conflicto ideológico* radica en la dispersión de posiciones que asumen los grupos humanos, generalmente de forma antagónica e irreconciliable.

Los *conflictos ideológicos* se manifiestan a través de la *lucha política*, que es la forma como se concretan las acciones de grupos antagónicos, guiados por ideologías opuestas, para hacer valer sus fundamentos y alcanzar la victoria en el ejercicio del *poder* en la sociedad. La *lucha política* puede llevarse a cabo tanto de forma pacífica, regida por las leyes de un país en democracia, como de forma violenta, cuando la vía pacífica es abandonada y se acude a la fuerza para doblegar a los contrarios. Como ya se argumentó al inicio de este libro, de las tres formas universales de ejercicio del *poder*, la *violencia*, la *riqueza* y el *saber*, las dos primeras desencadenan tales reacciones en contra, que el resultado siempre es una vorágine de calamidades, mientras que sólo la última garantiza la equidad en la correlación de fuerzas y la justeza en la toma de decisiones.

De modo que las principales conclusiones a destacar son:

- ✓ *Primero*. De las cuatro posibles posiciones ideológicas a adoptar por los grupos humanos, es la de los *evolucionarios* la de mayor objetividad y fundamentos.
- ✓ *Segundo*. De las tres formas universales de ejercicio del *poder* para llevar a cabo la lucha política, es el *saber* la que asegura la mayor justeza y precisión.
- ✓ *Tercero*. La aplicación del *saber* en la sociedad marcará su evolución hacia una dimensión superior donde el desarrollo cultural y científico-técnico impondrá obligatoriamente la *convergencia* de los sistemas socio-económicos hacia uno superior, *humanista*, determinado por la *condición humana*, única e invariable.
- ✓ *Cuarto*. La lucha por el conocimiento debe ser la vía esencial para el desarrollo social, y la *educación*, tanto formal como informal, su herramienta indispensable. El reclamo fundamental de la sociedad ha de orientarse a la equidad en el derecho a la *educación*, como fundamento de todo lo demás.
- ✓ *Quinto*. Todo proceso político que se aparte de estos fundamentos, independientemente de su afiliación

ideológica sólo tendrá un resultado: la *utopía* y el fracaso de las aspiraciones, con lo que se terminará robando a los pueblos su esperanza.

LA TRIARQUÍA

Significa *"reinado de tres"*. El 3 es el número mágico de la existencia, expresión de la máxima estabilidad con el mínimo esfuerzo. Menos (1,2...) es muy poco; más (4...) es demasiado. Para andar en monociclo hay que ser un experto; algo menos se requiere para hacerlo en bicicleta, sobre dos ruedas; los vehículos automotores requieren cuatro, pero son innecesarias, pues pueden funcionar con tres, como los triciclos; incluso los carromatos con tracción animal, carrozas y quitrines, tienen sólo tres puntos de apoyo: ambas ruedas y el noble bruto que tira de ellos. Un individuo parado en un solo pie es inestable; sobre los dos adquiere equilibrio en un eje (transversal o longitudinal), pero no en los dos, por lo que puede caer; pero, apoyado en un bastón crea una base de sustentación triangular que le permite retar a la gravedad incluso teniendo una edad avanzada.

El *triángulo* es la figura geométrica que resume el equilibrio universal y a los *sistemas de poder* en la naturaleza y en la sociedad, con su amplia base y su exclusiva cúspide; y no por gusto se empleó como inspiración para las estructuras más sólidas y permanentes creadas en la historia humana: las *pirámides*.

213

En la naturaleza, incluso el *ciclo de las estaciones*, el proceso más estable y permanente que ocurre en nuestro planeta, tiene tres momentos significativos (a pesar de que las estaciones son cuatro): la *primavera* es el florecer, el renacimiento de la vida, el *verano* es el calor intenso, la tendencia al reposo, mientras que el *invierno* es el crudo frío, tiempo de tempestades. *Renacimiento, reposo y convulsión*, como engranajes en el decursar de la existencia. El *otoño* es simplemente un momento de transición entre *verano* e *invierno*, por lo que comúnmente se diluye entre ellos.

En la sociedad, el 3 asegura la aplicación básica de la *democracia*: la toma de decisiones por la mayoría. Con él no es posible un empate en la votación: o *unanimidad* o *superioridad*. De modo que aplicar la **triarquía**, el principio del 3, a las estructuras y procesos sociales, puede contribuir de forma notable a su estabilidad y equilibrio sobre normas absolutamente democráticas, lo cual es el empeño común de todas las tendencias políticas.

LA ALTERNABILIDAD

Llegar a la cúspide de la pirámide para ejercer su *poder* es la máxima aspiración de todos los integrantes de un sistema social, y para alcanzarla se enfrascan en pugnas políticas por diversas vías. Una vez que lo logran, el empeño es mantenerse indefinidamente en esa posición de privilegio, no cediéndola a sus adversarios. Pero, tal como ocurre con las *estaciones* en la naturaleza, el verdadero equilibrio se obtiene cuando entre los participantes se aplica la **alternabilidad** en el ejercicio del *poder*. El *verano* no puede nunca presentarse antes que la *primavera*, y tampoco extenderse más allá del *otoño*. Es ley inviolable para asegurar la estabilidad en la existencia, que cuando un elemento agote sus posibilidades ceda el paso al siguiente, para esperar su próxima ocasión, en ciclos que se extienden indefinidamente.

La *alternabilidad* en la esfera social consiste en la posibilidad real de que varios protagonistas (partidos políticos…) puedan ocupar la cima en la pirámide, accediendo al *poder* de forma reglamentada y obligatoria, donde desarrollen sus propuestas de gobierno durante 3 años (¡menos es muy poco; más es demasiado!), vencidos los cuales cederán forzosamente su lugar al protagonista siguiente, en un orden previamente establecido por el máximo órgano legislativo del país (*Congreso Nacional*). Después, les tocará esperar la repetición del ciclo para volver a disfrutar de este derecho.

Los ciclos de *alternabilidad* estarían dados por el número de protagonistas en el proceso, que deben ser, recomendablemente, 3 (¡menos es muy poco; más es demasiado!). Para ganar un puesto en el "*pelotón de arrancada*", los partidos políticos tendrán que competir, durante el período de tiempo que establezca la Ley, en la obtención del favor de la opinión pública, recogiendo adhesiones que serán luego evaluadas por la máxima autoridad legal (*Tribunal Supremo de Justicia*), quien decidirá cuáles tres partidos serán incluidos en el venidero ciclo, y cuáles de los que ya estaban serán excluidos por haber perdido el apoyo popular.

Con tres partidos, cada ciclo será de 9 años. ¡Menos que lo que muchos aspirantes han dedicado a esperar "un chance", en el sistema actual! (*¿AMLO...?*)

LA ELECCIÓN UNIVERSAL

La *alternabilidad* no significa eliminar los procesos electorales. Ellos tienen que ser expresión de la voluntad popular para elegir a sus gobernantes. Lo que la *alternabilidad* asegura es qué partido político estará en el poder en cada trienio del ciclo. Pero igualmente se convocará a elecciones, pues en el partido de turno debe haber varios aspirantes a *Presidente*, entre los cuales la población elegirá al de su preferencia, quedando como *Vicepresidente* el del segundo lugar.

En este caso las campañas políticas pre electorales no serían con promesas de programas y compromisos muchas veces demagógicos, como en la actualidad, pues todos los candidatos responderán a una misma línea: la de su partido, en turno para el ejercicio del *poder*. Las campañas se basarán exclusivamente en el conocimiento de la ciudadanía sobre los valores, virtudes y prestigio de cada candidato. Se evaluará lo que haya hecho durante su vida hasta el momento, y no lo que vaya repitiendo por ahí…

Las *elecciones* serán universales, pues además del *Poder Ejecutivo* se elegirá a los asambleístas al *Congreso Nacional*, mediante la postulación libre de candidatos por todos los partidos inscriptos, para obtener una representación de un asambleísta por cada municipio del país (¡no más!), como expresión de la *democracia representativa y del poder popular*. También se elegirá a los *órganos de Gobierno intermedios* (alcaldes y prefectos, o gobernadores, según el sistema local), así como a los miembros de los *concejos municipales*, en este caso en cantidad proporcional a la población del territorio, y con cuotas iguales para hombres, mujeres y minorías étnicas (estos últimos sólo para asegurar que estén mínimamente representados, pues igualmente podrá haber negros o indígenas entre elegidos como hombres o mujeres).

Cada proceso de **elección universal** tendrá lugar cada tres años: en noviembre del último año de gobierno del partido en turno, a fin de que diciembre siguiente sea período de transición, y en enero del venidero año inicien los nuevos gobernantes.

Y para esto ¡no se requerirá *Consejo Electoral*!, pues será misión del *Tribunal Supremo de Justicia* organizar y arbitrar todo el proceso.

EL ESTADO MINÚSCULO

Reducir el tamaño del *Estado* no sólo contribuye a combatir la burocracia y las tendencias a la corrupción, sino, además, disminuye el gasto social y perfecciona el funcionamiento del *Gobierno*. Propongo la siguiente mínima composición:

1) *Ministerio de Gobierno*: se encarga del Registro Civil, Archivo Nacional, prensa y comunicaciones, coordinación interestatal, y Defensa Civil para emergencias.

2) *Ministerio de Sociedad y Medio ambiente*: se encarga del trabajo y seguridad social, inclusión, cultura, deportes, turismo, cultos, y atención a la naturaleza.

3) *Ministerio de Educación:* se encarga de todos los niveles educacionales, desde las guarderías infantiles hasta las Universidades.

4) *Ministerio de Salud:* se encarga de todos los niveles preventivos y asistenciales de salud, higiene ambiental, registros sanitarios, y situaciones de emergencia.

5) *Ministerio de Transporte*: se encarga de todas las vías de transportación pública, terrestre, naval y aérea, así como de investigaciones y desarrollo en el área.

6) *Ministerio de Construcción:* se encarga de la creación de infraestructuras y edificaciones, planes habitacionales, obras viales y complejos hidráulicos.

7) *Ministerio de Producción Alimentaria:* se encarga de la agricultura, ganadería, avicultura, pesca, y demás formas de obtención y producción de alimentos.

8) *Ministerio de Desarrollo:* se encarga de las áreas industriales, ligera, básica, pesada, biotecnológica, así como de investigaciones en ciencia y tecnología.

9) *Ministerio de Producción Minera:* se encarga de la explotación de yacimientos petroleros y de otros minerales, así como de investigaciones en el área.

10) *Ministerio de Finanzas y Comercio Interior:* se encarga del control bancario, manejo de divisas, políticas comerciales internas, control de calidad y precios.

11) *Ministerio de Relaciones y Comercio Exterior:* se encarga de la esfera internacional del Estado.

12) *Ministerio de Institutos Armados:* se encarga de la Policía Nacional, Inteligencia y Seguridad, Ejército, Marina, Aviación, y convenios militares internacionales.

LOS PODERES DEL ESTADO

✓ Poder Ejecutivo:
  - o Presidencia.
  - o Vicepresidencia.
  - o Secretaría Ejecutiva.
  - o Consejo de Ministros.

✓ Poder Legislativo:
  - o Congreso Nacional.
  - o Comisiones Parlamentarias.

✓ Poder Judicial:
- o Tribunal Supremo de Justicia.
- o Tribunal Constitucional.
- o Tribunal de Cuentas.
- o Cortes Judiciales.

LA VOLUNTAD POPULAR

En correspondencia con la *alternabilidad* y los *procesos electorales trianuales,* el ejercicio de la *voluntad popular* es el principal recurso de la democracia, materializándose mediante consultas y referéndums que sean convocados por cualquiera de los tres poderes del Estado: *Ejecutivo, Legislativo y Judicial*, con idéntico peso en la obligatoriedad de llevarlos a cabo.

Pueden tener como motivación principal: definición y aprobación de políticas y acciones que no se opongan o modifiquen de algún modo a la Constitución de la República, procesos de análisis de la gestión presidencial y derogación anticipada de su mandato, evaluación de estados de opinión pública sobre asuntos de interés nacional o internacional.

Aquellos aspectos que conlleven modificaciones a la Carta Magna deberán ser aprobados previamente por el *Poder Legislativo* y presentados a *consulta popular* como *enmiendas constitucionales*. Si el volumen de las mismas lo impone, requerirán de la convocatoria a una *Asamblea Constituyente*, única instancia facultada para realizar cambios profundos y radicales a la Constitución vigente, o elaborar una nueva.

EPÍLOGO

La *sociedad* es la más perfecta obra humana. Se comenzó a construir desde que los primeros individuos sobre el planeta comprendieron, sin siquiera meditarlo, que sólo uniendo sus fuerzas podrían vencer al poderoso smilodon, cazar al colosal mamut, calentarse en las frías noches, recorrer largas distancias, sobrevivir, en definitiva, en medio de la *naturaleza* hostil que les rodeaba.

Luego que apareció, toda la existencia en el planeta Tierra fue compartida por esas dos colosales entidades: la *naturaleza* y la *sociedad*. Con el desarrollo del *Homo sapiens* la *sociedad* fue imponiéndose progresivamente a la *naturaleza*, y hoy ha llegado a convertirse en su dominador por excelencia, e incluso, fatalmente, en su peor devastador. La devastación progresiva de la *naturaleza*, como resultado del incontrolable desarrollo científico y tecnológico de la Humanidad, pondrá en serio riesgo de aniquilamiento a la *sociedad*, reduciendo las condiciones de vida en el planeta, hasta convertirlo en una devastada roca en órbita alrededor del Sol.

Hoy la ciencia cósmica se plantea el reto de llegar Marte y colonizarlo mediante un ingente empeño de *terraformación*, argumentando que eso podría ser, tal vez, la salvación de la Humanidad cuando la Tierra, como consecuencia del largo y tenaz empeño de *marteformación* que viene aplicando

221

inconscientemente la civilización, quede en las actuales condiciones del planeta rojo. Yo digo que es mucho más fácil y sensato evitar la *marteformación* de la Tierra, cuando aún estemos a tiempo, que pretender *terraformar* a Marte. Entre el *planeta rojo* y el *planeta azul*, me quedo definitivamente con el nuestro.

Pero, para eso es indispensable que una conciencia colectiva universal se apodere de todos los seres humanos, de todas las naciones, de la Humanidad en general, con la certeza de que pertenecemos a una misma especie, con iguales necesidades y derechos, por lo que a bordo de esta única nave sideral correremos juntos la misma suerte: o mejoramos la imprescindible relación entre la *sociedad* y la *naturaleza* para llegar al destino que nos espera en las estrellas, o sucumbiremos irremediablemente en el empeño…

CANCIÓN DE MIS CANCIONES

© Pedro Fulleda Bandera

Para hacer la canción de mis canciones
necesito un millón de corazones,
unir todos los seres de la Tierra
en un acto de amor, contra la guerra.
Salvar de prisa la Naturaleza,
conservar del planeta su belleza,
sepultar para siempre el egoísmo,
que nos sigue empujando hasta el abismo.
No se puede alcanzar el desarrollo
sin que los poderosos den su apoyo,
y establecer un pacto razonable,
porque el mundo se ha vuelto ingobernable.
Digamos ¡no! a la muerte, ¡sí! a la vida,
erradicando males, como el SIDA,
defendiendo el derecho, en cada niño,
de crecer con hogar, paz y cariño.
Hay que llenar el mundo de gladiolas,
y en alta mar bailar sobre las olas
la música coreada por delfines,
que llena al Universo en sus confines.
Negros, blancos, indios y amarillos,
todos somos iguales, como anillos
que se enlazan, formando la cadena
de nuestra Humanidad. Pero ¡qué pena!...
Seguimos separados por colores,
por sexo y religión. Mas, cuando adores
a tu Dios, no sabrás si es él o ella,
Y somos, en verdad, polvo de estrella...

¡La canción de mis canciones,
te invito, amigo, a cantar...
Un millón de corazones...
nada nos puede parar!

¡El planeta se estremece,
quiere arrancar de su piel
al ser insensato y cruel,
que como plaga padece!

¡Es el Siglo Veintiuno!
La Humanidad pide urgente
más unión entre la gente,
o no quedará ninguno!

¡Hombres, mujeres, ancianos
niñas y niños unidos,
actuaremos decididos!...
¡Vivan los seres humanos!

223

ÍNDICE

INTRODUCCIÓN   1

1/ EL VERDADERO SENTIDO DEL PODER   5

2/ REVOLUCIÓN ES TRANSFORMAR EL EJERCICIO DEL PODER   22

3/ LA CONDICIÓN Y LAS NECESIDADES HUMANAS SON ABSOLUTAS   41

4/ EL DOGMATISMO, LA INTOLERANCIA Y OTROS MALES POLÍTICOS   58

5/ RUSIA: LA DICTADURA DEL PROLETARIADO   75

6/ CUBA: LOS BARBUDOS DE FIDEL   92

7/ BOLIVIA: EL CALVARIO DEL "CHE"   111

8/ CHILE: REVOLUCIÓN SIN INSURRECCIÓN   133

9/ COLOMBIA: EL FIN DE LAS GUERRILLAS   152

10/ VENEZUELA: EL SOCIALISMO DEL SIGLO XXI   168

11/ ECUADOR: LA REVOLUCIÓN ROBADA   187

12/ TRIARQUÍA EN LA ALTERNABILIDAD   210

www.ingramcontent.com/pod-product-compliance
Lightning Source LLC
Chambersburg PA
CBHW051344280526
45784CB00007B/2805